당근정말시러의

300Kcal
살 빠지는
도시락

박정아 지음

당근정말시러의
300Kcal 살 빠지는 도시락

Copyright ⓒ 2012-2021 by 박정아
All rights reserved. First edition Printed 2012, Printed in Korea.

2021년 4월 10일 개정판 1쇄 인쇄
2021년 4월 20일 개정판 1쇄 발행

지은이	당근정말시러 박정아 (https://blog.naver.com/k_0903140)
펴낸이	정상석
펴낸 곳	터닝포인트
등록번호	제2005-000285호
주소	(03991) 서울시 마포구 동교로27길 53 지남빌딩 308호
대표전화	(02)332-7646
팩스	(02)3142-7646
홈페이지	www.diytp.com
ISBN	979-11-6134-091-3 13590
정가	15,000원

기획 편집	정상석, 김은숙, 박효진
편집 디자인	원미정
표지 디자인	앤미디어
사진 촬영	이성우, 이주현(G1 스튜디오)
푸드 스타일링	김형님
요리 촬영 협조	사공지연
내용 문의	www.diytp.com
원고 집필 문의	diamat@naver.com(터닝포인트는 삶에 긍정적 변화를 가져오는 좋은 원고를 환영합니다)

이 책은 〈굿바이 조미료의 300Kcal 살 빠지는 도시락〉의 개정판입니다.

이 책에 수록된 모든 내용이나 사진 등을 출판권자의 허락 없이 복제 배포하는 행위는 저작권법에 위반됩니다.

그 사람이 무엇을 즐겨 먹는지 알게 되면 신기하게도 앞으로 그 사람에게 있을 질병과 몸무게가 보입니다. 스마트한 몸을 가진 사람의 식단을 보면 역시나 저염식과 자연주의 식단에 적당한 운동을 꼭 병행하고 있더군요. 어찌 보면 당연하지만 어찌 보면 쉬운 일이 아니죠.

제가 요리에 관심을 갖기 시작한 것은 초등학교 4학년 때였던 것 같아요. 유독 저를 예뻐해주신 할머니와 장을 보고, 함께 재료를 다듬고 정리하면서 할머니의 요리를 어깨 너머로 배웠던 것 같아요. 추운 겨울에는 메주 띄우기부터 모든 요리의 기본이 되는 장담구기까지 옆에서 잔심부름을 하면서 하나씩 배웠지요. 할머니는 김치를 담구고 남은 겉절이와 함께 먹을 칼국수 반죽을 꼭 저에게 시키셨어요. 그리고 아낌없는 칭찬까지 해주셨답니다. 제가 만든 칼국수 반죽이 제일 맛있다고 하셨어요. 어린 나이에 제가 반죽한 칼국수를 가족이 맛있게 먹는 것을 보고 기분이 아주 행복했었어요. 그때 요리를 만드는 기쁨과 맛있게 먹어주는 이의 얼굴까지 상상하는 즐거움을 알게 되었고, 요리는 칭찬과 함께 따라오는 어떤 수식어로 표현할 수 없는 최고의 행복감을 주는 것이란 생각을 갖게 되었지요!

요리를 하면서 알게 된 우리 식문화의 현실은 너무 많은 문제들이 있더군요. 우선적으로 맵고, 짜고 자극적인 첨가물과 화학조미료, 국적 불명의 식재료들로부터 자유로워지지 않는다면 식생활이 오히려 건강을 망치게 할 수도 있다는 생각이 들었어요. 특히나 조미료 중심의 식생활이 비만에 가장 큰 영향을 준다는 것을 알게 되었어요.

이런 고민들에서 시작하여 멀리 내다보고 지속 가능한 해결책을 만들기 위해서 여러 가지 방법을 생각하다가 내 이야기를 풀어서 음식을 만들고, 체중 조절에 도움을 주는 것이 제일 쉽고 빠르겠다는 생각이 들었어요. 첨가물이나 화학조미료에 민감한 내 몸이 어떤 상태의 요리를 만들어 먹었을 때 최고의 컨디션과 적절한 체중을 유지했는지 확인하면서 요번 체중 조절 도시락을 만들기 시작했어요.

일기처럼 쓰게 된 저의 작은 공간인 개인 블로그를 통해 제가 어려서부터 할머니께서 집에서 만들어 드셨던 천연조미료와 자연식 조리법을 이웃님께 소개하면서 예전에 식구들이 칼국수를 먹고 행복해 했던 그 기쁨을 알게 되었답니다. 마음이 즐거워지면 요리도 즐겁고, 오늘은 어떤 요리를 이웃들에게 선물해 줄 수 있을까? 하는 행복한 고민을 하게 된답니다.
이번 "당근정말시러의 300Kcal 살 빠지는 도시락" 책도 그런 즐겁고 행복한 마음을 고스란히 담아서 만들어보았습니다. 이 책을 통해 많은 분들이 체중 조절에 꼭 성공하시길 바랍니다. ^^

- 2021년 봄 당근정말시러 박정아

당근정말싫어의 300Kcal 살 빠지는 도시락 200% 활용하기

01 만들 도시락 : 이번 섹션에서 만들어볼 도시락의 완성 사진이에요.

02 도시락의 칼로리 : 도시락 1인분에 담긴 칼로리입니다. 완성 사진에 보이는 분량이 여기에 적어준 칼로리와 동일합니다. 본인의 상황에 따라 반찬이나 간식은 조절해주세요.

03 도시락의 효능과 활용법 : 살 빠지는 도시락의 특징과 효능, 부가적인 장점 또는 도시락의 활용 방법을 영양과 건강의 관점에서 소개하고, 안내해드려요.

04 준비물 : 도시락을 만들 때 필요한 준비물입니다. 도시락에 들어가는 음식의 종류별로 분류해 놓았어요.

05 도시락에 함께 싸줄 밑반찬 : 도시락을 쌀 때 함께 먹으면 좋은 밑반찬입니다. 함께 싸줄 밑반찬은 본인의 활동량에 따라 밥이나 반찬의 양을 조절하여 도시락을 싸주고, 공복 시에는 간단한 야채 스틱이나 방울토마토, 고구마, 감자 등을 준비해서 공복감을 줄일 수 있도록 해주는 것이 다이어트에 도움이 됩니다. 기본 밑반찬을 만드는 방법은 1부에 있는 내용을 참고하세요.

06 이렇게 만들어요 : 도시락을 만드는 과정을 글과 사진으로도 누구나 쉽게 이해할 수 있도록 친절하게 설명하려고 했어요.

07 풍선 도움말 : 해당하는 요리의 손질 및 보관 방법은 물론이고 재료 활용법 및 도시락 싸기 노하우 등 당근정말시러의 요리 비법을 친절하게 알려드려요.

08 Tip : 해당 도시락을 만들 때 알아두면 좋은 요리 상식과 활용 방법을 소개하고 있어요. 다이어트를 위한 팁도 함께 알려드려요.

인터넷을 통한 지속적인 서비스 제공

이 책과 관련하여 궁금한 내용은 터닝포인트의 홈페이지(www.diytp.com)이나 네이버의 행복한 취미생활 DIY(http://cafe.naver.com/diytp) 카페로 문의주시면 최선을 다해 답변해드리겠습니다.

내가 만든 도시락 자랑하기

터닝포인트의 "행복한 취미생활 DIY(http://cafe.naver.com/diytp)" 카페의 게시판에 책을 보고 만든 도시락이나 제작 과정의 에피소드, 또는 내가 만든 도시락을 올려주세요. 다른 독자 분들과 함께 정보도 공유하고 우수 회원을 뽑아 시상도 한답니다.

CONTENTs

01 당근정말시러의 살 빠지는 도시락 준비하기

당근정말시러의 쉬운 계량법 … 16
당근정말시러가 사용하는 천연 조미료 구경하기 … 17
당근정말시러의 천연 조미료 만들기 … 18
도시락 맛과 영양을 살려주는 밑반찬 … 24
이런 먹거리는 노 땡큐~ … 36
도시락을 빛내주는 다양한 도시락 용기 … 42
캐릭터 도시락을 예쁘게 만들어줄 도구 … 44
초보자들을 위한 캐릭터 주먹밥 싸기 팁!! … 46
뱃살과 성인병을 줄이는 밥상에서 꼭 바꾸어야 할 것들 … 47

02 체중 조절과 체질 개선을 위한 도시락

50
젊고 날씬하게 만드는 묘약
단호박영양밥과 다시마쌈밥

52
내 몸의 지방을 숙변으로 배출해주는
취나물밥과 토마토베이컨말이

54
뽀송뽀송 가을볕에 말린
시래기밥과 황태장아찌

56
흠잡을 데 없는 고구마 사랑
고구마밥과 신김치어묵볶음

58
짜게 먹는 체질을 바꿔주는
다시마톳밥과 어묵야채지짐

60
신이 내린 음식
모듬버섯밥과 열무곤약조림

밥이 보약이라는 말은 현미에서부터
현미율무밥과 완두콩새우전

마음이 차분해지는 참한 나물
참나물옥수수밥과 당근두부부침

03 그녀의 건강을 챙겨주는 다이어트 도시락

보드라운 연두빛
완두콩밥과 곤약잡채

미운 사람에게 주지 마세요
시금치마늘볶음덮밥

아줌마 파마의 원조 브로콜리
브로콜리홍새우밥과 두부김치

건조한 피부와 노화를 방지하는
연어데리야끼와 두부시금치스크램블덮밥

까만 콩은 밭에서 나는 흑진주
까만 콩밥과 두부데리야끼찹쌀구이

안심하고 먹는
닭안심살두부완자와 율무밥

골다공증 예방엔
홍합밥과 해산물 구운 야채버섯샐러드

장 청소와 허리 둘레를 한 번에 줄여주는
다시마밥과 일식계란찜

스마일한 하루를 위해
현미밥과 단호박당근조림

꿋꿋한 아름다움을 가진 "여백의 미"
연근스테이크와 포실포실 감자밥
86

배에 힘주고 싶은 날
채소말이밥과 버섯강회
88

쓸모 많은 오이로 만든
아삭한 오이김밥과 불고기두부샌드
90

조금만 참아주세요!
곤약감자샐러드와 율무밥
92

향기로운 산초잎에 취해보세요!
산초잎현미밥과 우거지콩비지
94

일본을 대표하는 가정식 요리
니꾸자가와 현미밥
96

다리가 10개, 나는 오징어다
오징어파리고추조림과 흑미밥
98

반짝반짝 금가루를 뿌려놓은
5분 완성!! 계란볶음밥과 수란
100

04 그의 뱃살 빼는 다이어트 도시락

소박하고 애틋한 한 그릇
소고기콩나물밥
104

비단같이 보드라운 맛
뽕잎밥과 연근호박전
106

스푼~ 소리나는
두부가지말이조림과 현미율무밥
108

외롭고 쓸쓸한
어묵잡채와 다시마밥
110

건강하게 먹는
우엉불고기와 율무밥
112

몸도 마음도 지쳐 입맛이 없을 때
케일쌈밥과 김치말이쌈밥
114

쫄깃하고 고소한
홍새우표고밥과 연근베이컨볶음
116

아삭아삭 씹는 맛이 좋은
양배추유부밥과 베이컨계란말이
118

딸랑딸랑 종소리가 들리는
데리야끼두부김밥
120

05 우리 남편 기 살리는 도시락

붉은 호박빛
전복초와 영양팥찰밥
124

고등어 사촌
삼치데리야끼덮밥
126

원초적인 맛이 최고
소고기무밥과 연어고추장구이
128

알고보면 철학적인
궁중떡볶이와 흑미밥
130

둘리랑 영심이는 지금 어디에
소고기말이밥
132

카모메 식당의
쇼가야끼덮밥
134

가지가지 맛있는
소고기가지덮밥
136

미련 곰탱이의 밥
알마늘장조림과 표고버섯완두콩밥
138

06 추억의 옛날 도시락

꼬투리 김밥 맛이 나는
통소세지김밥
142

파리채로 맞고 먹었던
효자동기름떡볶이와 러블리 폭탄주먹밥
144

고3 때 먹었던
흙미유부밥
146

감기 몸살엔
간장비빔밥과 버섯계란찜
148

난 김치볶음밥을 잘 만드는 여자
김치볶음밥 오므라이스
150

담음새가 촌스러운
단정한 삼색도시락
152

광해군이 사랑한
잡채김밥
154

도시락의 지존
양은도시락
156

07 편식이 심한 아이 이야기가 있는 요리를 통해 맛있게 먹기!

알고 보면 사랑스런 매력을 가진
호랑이주먹밥 160

당근 밭으로 간
당근형제주먹밥과 시금치두부전 162

여자 아이를 위한
계란초밥과 햄초밥 164

화해해요
오누이주먹밥 166

참 괜찮은 친구
참치마요 토끼주먹밥 168

무서운 이야기
장화홍련굴비살주먹밥 170

한입에 들어가는
새콤달콤한 유부초밥 172

귀여운 우리집 강아지
스누피주먹밥 174

모두의 판타지
신데렐라도시락과 옥수수두부계란찜 176

어깨가 으쓱해지는
호빵맨오므라이스 178

산타 할아버지 오는 날
크리스마스트리밥과 단호박동그랑땡 180

엄마를 도와 줄
3분 완성 계란말이밥 182

08 신나고 재미있게 예쁘고 맛있는 도시락

첫 번째 반려동물
삐약삐약~ 병아리미니오므라이스
186

나비가 되었어요
꿈틀거리는 애벌레밥과 감자미트볼
188

벚꽃나무 아래에서 여유롭게
봄날의 벚꽃초밥
190

코~하고 잠든
곰돌이밥과 금귤고구마맛탕
192

애기똥으로 고생하는 아이 변비 잡아주는
우엉소고기미트볼과 꽃밥
194

긍정의 쿠킹테라피
고소한 볶음밥군만두
196

비오는 날
소고기김치볶음밥
198

자신감을 키워주는
풍뎅이주먹밥과 베이컨신김치볶음
200

뭉쳐야 맛이 나는
삼치소보로 기본삼각주먹밥
202

가지런히 기다리는
꼬까신유부밥
204

09 빵집엔 아이들이 먹는 샌드위치는 왜 없는걸까?

총 420kcal
상큼 담백한 초승달
미니크루아상샌드위치 208

총 250kcal
이야기 꽃을 피우는
잉글리쉬머핀 감자팬케익샌드위치 210

총 380kcal
칼집이 곱게 들어간
모닝빵소세지샌드 212

총 310kcal
누가 만들어도 맛있는
에그마요샌드위치 214

총 360kcal
집에서 즐기는
길거리토스트 216

총 180kcal
시장통 사라다빵
곰돌이양배추샐러드샌드위치 218

총 160kcal
감성을 높이는
단호박미니샌드위치 220

총 250kcal
칭찬해주고 싶은 날
기본삼색샌드위치 222

PART.1

당근정말시러의 살 빠지는 도시락 준비하기

체질 개선이나 체중 조절을 할 때 가장 어려웠던 점이 간간하고 자극적인 맛에서 재료 본연의 맛을 잘 살릴 수 있는 최소한의 간을 해서 심심하게 먹는 일이었어요. 아무리 친환경 재료를 사용한 유명한 반찬가게라 할지라도 몸에 독이 되는 나트륨은 줄이지 못했고 아무리 정성이 많이 들어간 엄마표 집밥이라도 이제까지 길들여져 있던 짜고 매운 자극적인 양념 맛에서는 해방되지 못하더라구요.

당근정말시러만의 천연조미료를 만들어 사용한다면 자극적인 입맛에 길들여진 분들도 자연스럽게 적응할 수 있을 거라 생각합니다. 부엌에 '입장금지'시키고 싶은 화학조미료와 나트륨이 너무 높은 기존의 간장이나 된장의 염분을 반으로 줄여서 요리에 활용해보세요. 하루하루가 놀랍게 달라지는 것을 느낄 수 있답니다.

건강한 식단은 곧 체질 개선과 체중 조절이라는 마음을 담아서 맛과 건강을 절대로 놓칠 수 없는 당근정말시러만의 천연조미료를 만들어 보았습니다. 요번에 천연조미료와 염분을 반으로 줄인 간장이나 된장을 만들면서 느낀 점은 아무리 시대가 바뀌어도 건강에 좋고 체중에 영향을 적게 주는 먹을거리는 영원한 과제인 것 같아요.

당근정말시러의 쉬운 계량법

이 요리책의 계량법은 밥숟가락과 종이컵을 이용하여 쉽고 편리하게 요리할 수 있도록 계량했어요. 어른 밥숟가락으로 1숟가락은 1큰술, 종이컵으로 가득 1잔은 1컵으로 보면 됩니다. 티스푼은 중간 정도의 티스푼으로 사용하였으며 저염식을 원하는 분들은 엄지와 검지손가락을 이용한 꼬집 계량을 하면 짜게 먹는 것을 막을 수 있어요.

종이컵 기준으로 한 컵(계량컵 기준으로 물을 가득 채웠을 때 200ml 우유팩 하나와 같아요.)
종이컵 기준 ½컵(계량컵 기준 1/2은 100ml입니다.)

밥스푼 기준 1큰술(어른 밥숟가락으로 수북하게 하나)

밥스푼 기준 ½큰술(어른 밥숟가락으로 2/3 정도 분량)   티스푼 기준 ½작은술(커피용 작은 수저로 2/3 정도 분량)

티스푼 기준 1작은술(커피용 숟가락 수북히 하나)   1꼬집(엄지와 검지 손가락으로 살짝 집어든 정도)

당근정말시러가 사용하는 천연 조미료 구경하기

1. 금귤청
새콤달콤한 금귤을 청으로 만든 금귤청은 설탕 대신 사용하면 되고 환절기 때 차로 끓여두면 비타민A와 C, 칼슘이 풍부하여 가래와 기침을 진정시켜줘요.

2. 맛된장
어떤 요리에 활용을 해도 냄새가 나지 않아 사용이 편리하고 짜지 않아서 아이들 국을 만들 때 사용하면 좋습니다. 찌개나 나물무침 샐러드 등에 활용해도 좋습니다.

3. 토판염
인공으로 건조시키는 일반 소금에 비해 토판염은 자연 건조하기 때문에 시간은 오래 걸리지만 미네랄이 풍부하고 시판용 정제염보다 염도가 낮고 각종 영양소는 풍부해요.

4. 조청
설탕처럼 자극적이지 않고 강한 단맛이 없어 어떤 음식과도 잘 어울리는 조청은 설탕이 들어가는 조림 요리나 한식 요리에 활용하면 은은한 단맛과 감칠맛을 느낄 수 있습니다. 특히 저혈당이 되기 쉬운 당뇨환자들에게 좋습니다.

5. 생강청
맵고 강한 맛 때문에 먹기 힘든 생강을 청으로 만들어 설탕이 들어가는 모든 요리에 응용이 가능합니다. 특히 고기 요리, 생선조림 요리에 곁들여 드시면 잡내를 제거하고 음식의 풍미를 다해줍니다. 몸을 따뜻하게 하는 효능이 뛰어난 생강청은 환절기에는 차로 드셔도 좋습니다.

6. 매실청
구연산을 포함한 각종 유기산이 풍부한 매실의 상큼한 맛은 잃어버린 입맛을 돋워줄 뿐 아니라 피로 해소와 식중독 방지에 효과가 있는데요. 설탕이 들어가는 모든 요리에 응용이 가능하고 샐러드 드레싱으로 이용해도 좋아요.

7. 생강술
조림 반찬이나 해산물 요리, 고기를 재울 때 생강술을 사용하면 잡내와 비린 맛을 잡아주고 살균효과도 뛰어나 음식이 쉽게 부패하는 것을 막을 수 있습니다. 서양요리가 화이트 와인을 사용한다면 한식에는 만들기 쉽고 간단한 생강술을 활용하면 음식의 풍미를 느낄 수 있습니다.

8. 유자청
새콤달콤한 맛과 독특한 향이 나고 있고 비타민C의 함량이 풍부한 유자는 유자청을 만들어 천연 감미료로 활용하거나 샐러드 드레싱으로 곁들여 드시면 향긋한 향과 더불어 피로회복에 도움이 된다고 합니다.

9. 구기자 맛간장
일반 간장의 염도를 반으로 줄인 구기자 맛간장은 향이 강하지 않고 부드러워서 모든 조림요리에 활용이 가능하고 저염식을 하는 환자식으로도 좋습니다.

 당근정말시러의 천연 조미료 만들기

01 양념부터 하나씩 바꿔요

1. 식용유 대신 현미유

현미는 호분층(미강) 베아(쌀눈)에 비타민B, 미네랄, 섬유소 등 영양분이 모여 있어요. 현미유는 배아와 호분층에서 뽑은 식물성 기름인데요. 몸에 좋은 α-토코페롤과 r-오리자놀, 필수아미노산인 미네랄이 듬뿍 들어있어요. 무엇보다 현미유는 쌀겨와 쌀눈 100%로 만들어 현미의 영향을 그대로 유지하고 있는 순식물성 기름입니다. 또 현미유는 유전자조작식품(GMO)의 위험이 있는 콩옥수수, 유채, 면화를 원료로 한 일반 식용유보다 국산 현미를 원료로 사용해 만들기 때문에 안심하고 이용할 수 있어요.

2. 설탕이나 물엿 대신 조청과 과일청

미림, 미향, 미정 등 맛술은 종류가 참 많이 있어요. 맛술을 고를 때 이제까지 제품 디자인이나 값만 보고 샀다면 지금부터는 원료를 보고 고르세요. 같은 '미'자 돌림이지만 쌀과 주정으로만 만든 것은 '미림' 하나뿐입니다. 다른 제품들은 합성 당분이 첨가되어, 들척지근한 맛이 나는 것이 특징입니다. 당장 바꿀 수 없다면 질 좋은 청주와 맛술을 반반씩 섞어서 쓰는 것도 좋아요. 국물을 낼 때, 조림이나 볶음 등을 요리할 때 감칠맛을 냅니다.

3. 합성양조식초 대신 천연양조식초

합성양조식초는 에탄올에 초산균을 넣고 맛을 내기 위해 펩톤, 폴리펩티드, 인산, 칼륨, 마그네슘, 칼슘, 당질, 물엿 등 화학물질을 첨가한 식품이에요. 24시간을 숙성시키는 합성초식초는 2주 이상 숙성기간을 거치는 천연양조식초와 많은 차이가 납니다. 우리가 슈퍼에서 쉽게 구할 수 있는 식초는 합성양조식초가 대부분이랍니다. 천연양조식초는 현미나 옥수수, 보리, 흑미 등 곡물과 감이나 포도, 사과 토마토 등의 과일을 1차 발효시켜 술을 만든 후 2차 발효시킵니다. 합성양조식초와는 달리 숙성기간은 적어도 2~3개월이 걸리며 구연산, 아미노산, 사과산, 필수 아미노산, 미네랄 등 식초가 가지고 있어야 할 풍부한 영양분이 가득 담겨있어요. 건강을 위해서는 당연히 천연양조식초를 먹어야겠죠.

02 집에서 쉽게 만들 수 있는 당근정말시러의 천연 조미료 만들기

멸치육수
멸치육수는 각종 찌개, 조림, 국물요리에 사용하면 좋아요.
재료 : 물 10컵, 멸치 한 줌(20마리), 다시마 5센티 2~3장, 양파 1/2쪽
1. 냄비에 분량의 물을 넣고, 끓기 시작하면 모든 재료를 넣고 불은 꺼주세요.
2. 뚜껑을 닫고 1시간 후 다시마와 멸치를 건져내고 유리병에 담아 일주일간 냉장 보관합니다.

채소육수
채소육수는 육수가 달콤하기 때문에 이유식이나 수프에 물 대신 넣어 먹어도 좋아요.
재료 : 물 10컵, 다시마 5센티 2~3장, 각종 자투리 야채(당근, 양파, 무, 파)와 각종 버섯류
1. 채소는 작은 것은 통째로 넣거나 큼직하게 썰어주세요.
2. 냄비에 분량의 물을 붓고 채소를 넣고 끓어 오르면 약한 불에서 뭉근히 40분 정도 끓인 후 불을 끄고 다시마를 넣고 뚜껑을 닫습니다.
3. 30분 후 채소와 다시마를 끓인 물을 체에 거른 후 유리병에 담아 일주일간 냉장 보관합니다.

다시마 육수
우동국물, 어묵국물, 샤브샤브국물, 달걀찜의 육수로 사용하면 좋아요.
재료 : 자연산 다시마(5센티) 4~5장, 물 5컵
1. 볼에 다시마 약간과 미지근한 물을 부어주세요.(다시마는 너무 오래 끓이면 쓴맛이 나고 너무 뜨거운 물에 담가 놓으면 점액질이 생기니 주의해야 합니다)
2. 하룻밤 담가 놓았다가 다시마를 건져내고 유리병에 담아 일주일간 냉장 보관합니다.

다시마와 다시마가루
국, 찌개, 탕과 같은 국물요리나 다시마 밥을 지을 때, 부침이나 전을 만들 때 넣으면 좋아요.
1. 다시마를 바짝 말린 후 겉면을 젖은 행주로 살짝 닦아내어 프라이팬에 살짝 굽습니다.
2. 잘게 잘라 분쇄기에 넣고, 곱게 간 뒤 병에 넣어 냉장 보관합니다.

멸치와 멸치가루
각종 김치, 고추장과 된장 양념, 양념장 만들 때, 찌개, 무침, 탕 등에 넣으면 좋아요.
1. 멸치의 내장을 떼어내고 머리와 몸통을 프라이팬에 살짝 볶아냅니다.
2. 멸치 20~30마리를 바짝 말려 분쇄기에 곱게 갈거나 손으로 비벼 가루를 만들어 병에 담아 냉장, 냉동 보관합니다.

마른 새우와 새우가루
각종 국물요리, 탕, 나물, 무침, 죽을 쑬 때, 고추장과 된장양념을 만들 때 사용하고 특히 해물요리에 넣으면 좋습니다.
1. 마른 새우는 체에 받쳐 잡티를 골라냅니다.

2. 분쇄기에 곱게 갈아 병에 담아 냉장, 냉동 보관합니다.

말린 표고버섯과 표고버섯가루

말린 표고버섯과 표고버섯가루는 조림, 찌개, 해물탕 등 각종 요리에 사용할 수 있습니다. 단, 너무 많이 넣으면 향이 강해지니 조금만 넣는 것이 좋아요.
1. 말린 표고버섯은 표면을 깨끗이 닦아줍니다.
2. 분쇄기에 곱게 갈아준 후 빈 병에 담아 상온이나 냉장 보관합니다.

생강술

생선조림, 불고기를 재울 때, 구이, 생선 요리에 사용하면 비린내를 제거해주고 감칠맛을 동시에 즐길 수 있습니다.
1. 생강은 깨끗이 씻어 분쇄기에 곱게 갈아줍니다.
2. 생강1 : 청주1의 비율로 빈 병에 담아 냉장 보관합니다.

생강청

환절기 때 감기약 대신 아침 저녁으로 차로 마시면 효과가 있어요.
1. 생강은 깨끗이 씻어 칼로 얇게 저며줍니다.
2. 꿀3 : 설탕2 : 생강5의 비율로 빈 병에 담아 한 달간 냉장 숙성시킵니다.

금귤청

설탕이 들어가는 모든 요리, 샐러드 드레스, 제과 제빵, 차나 조림 요리에 사용하면 천연의 단맛을 느낄 수 있고 칼로리도 줄일 수 있습니다.
1. 3~5월에 나오는 국내산 금귤을 구입하여 깨끗이 씻어 3등분 해주세요.
2. 금귤1 : 설탕1의 비율로 유리병에 담아 한 달간 냉장 숙성합니다.

매실청

매실청은 설탕이 들어가는 모든 요리에 사용할 수 있어요. 샐러드 드레싱, 차, 고기 재울 때, 조림 요리에 사용하고, 급체했을 때 차처럼 따뜻하게 먹으면 좋고 식중독을 예방할 수 있습니다.
1. 5~6에 나오는 국내산 매실을 구입하여 깨끗이 씻어 꼭지 부분을 정리합니다.
2. 매실1 : 설탕1의 비율로 한 달간 상온에서 숙성하고 냉장 보관합니다.

03 용도에 따라 다른 소금의 종류

소금의 종류는 아래 설명한 것처럼 여러 가지가 있어요. 그중에서도 건강을 생각한다면 토판염이 가장 몸에도 좋고 요리의 완성도도 높여줍니다. 그러나 토판염은 가격이 워낙 고가인 것이 흠입니다. 토판염이 구하기 어려운 분은 천일염이나 볶은 소금을 사용하면 됩니다.

`굵은 소금` 배추나 무를 절일 때, 또는 간장이나 메주를 담글 때 사용합니다.

`볶은 소금` 천일염의 불순물을 제거한 뒤 200~500도에서 1시간 정도 볶아서 만든 소금은 나물무침, 조림, 구이용 김, 생선구이 등에 사용합니다.

`볶은 왕소금` 생선구이나 고기구이를 할 때 사용합니다.

`생꽃소금` 왕소금을 분쇄한 고급 소금으로 국물 요리에 좋아요. 그러나 시중의 꽃소금은 대부분 수입품으로 화학적인 미네랄을 첨가했으니 제품을 고를 때 주의해야 합니다.

`죽염` 천일염을 대나무통 속에 넣어 소나무 장작불에 아홉 번 구워낸 것으로 소금의 불순물이 빠져나가고 유익한 성분만 남는 소금입니다.

`자염` 우리나라 전통 소금 채취법으로 바닷물을 가마솥에 끓여 만드는 소금으로 태안의 자염이 유명해요. 자염은 쓴맛과 떫은맛이 없고 짠맛도 덜합니다. 미네랄 함유량이 천일염보다 높아 예전에는 궁중에서만 사용했다는 고급 소금입니다.

`함초소금` 바다의 인삼이라고 불리는 함초는 염전에 자생하며 광합성을 하기 때문에 짠맛이 나지만 일반적인 소금처럼 쓰면서 짜지 않고 달면서 짠맛이 나는 기능성 소금으로 초록색을 띠고 있어요.

`토판염` 흙판에서 소금을 만드는 친환경적인 토판염은 장판염전에서 추출한 소금보다 미네랄 등 각종 영양소가 풍부하고, 염도가 낮은 데다 짜지 않고 소금이 달고 맛도 순해 요리에 그만이랍니다. 그러나 장판염보다 품이 많이 들고 생산 날 수도 짧아 수지 타산을 맞추기 어렵답니다. 이런저런 어려움 때문에 20여 년 전만 해도 토판염전이 대세를 이뤘던 우리나라 소금 생산은 급속히 염전에 PVC장판을 깔아 만드는 장판염 생산방식에 자리를 내주었습니다. 현재 토판천일염 생산자는 온 나라를 통틀어도 다섯 손가락 안에 꼽을 수 있을 정도라고 하네요. 까만 장판은 햇빛을 잘 빨아들여 생산량을 늘려주고 생산 시기를 앞당겨 준다고 해요. 또한 장판염은 토판염에 비해 소금의 양도 세 배 가량 더 나오는 데다 깨끗하고 품도 훨씬 덜 들어요. 하지만 PVC에서 발생하는 환경호르몬이 우리 몸에는 좋지 않겠죠.

04 무조건 맛있다!! 짜지 않은 찌개용 맛된장 만들기

찌개용 맛된장은 찌개, 국, 쌈장, 나물무침 등에 사용하면 좋으며, 짜지 않고 냄새가 나지 않아 샐러드 소스로 사용해도 좋아요.

재료 : 집 된장 6큰술, 들기름 2큰술, 멸치가루 2큰술, 새우가루 1큰술, 우리밀 2큰술, 물 2컵

1. 멸치와 새우는 가루를 내고 분량의 물에 우리 밀을 곱게 풀어 놓습니다.
2. 프라이팬에 들기름 2큰술, 된장 6큰술, 멸치가루와 새우가루를 넣고 중간 불에서 볶아주세요.
3. 된장에서 달콤한 냄새가 올라오면 1의 물에 풀어놓은 우리밀을 붓고 센 불에서 바글바글 끓여주세요.
4. 된장이 걸쭉해지면 불을 끄고, 한 김 식혀 병에 담아 냉장 보관하면 1년까지 보관이 가능해요.

05 조미료가 필요 없는 부드러운 구기자 맛간장 만들기

구기자 맛간장은 염도를 50% 낮추고 짜지 않고 부드러워 모든 요리에 사용할 수 있답니다. 아이들 반찬, 나물 무침, 볶음 요리, 모든 조림 요리, 찜, 국, 장아찌, 데리야끼 소스 등에 다양하게 사용할 수 있어요.
재료 : 맛술 1컵, 국산 양조간장 1컵, 구기자 한 줌(20~30알), 다시마 1조각

1. 계량컵을 사용하여 간장, 맛술을 정확한 용량으로 준비합니다.
2. 빈 병에 1의 간장과 맛술을 붓습니다.
3. 다시마와 구기자를 넣고 15일 정도 냉장 숙성 시킨 후 각종 요리에 사용합니다.

06 단맛 나는 건강한 볶은 소금 만들기

재료 : 토판염 1컵

1. 토판염은 프라이팬에 넣고 센 불에서 20분 정도 뻥 소리가 날 때까지 고온에서 볶아줍니다.
2. 1의 토판염은 완전히 식혀 분쇄기에 곱게 갈아 유리병에 담고 상온에 보관합니다.

07 실패 없는 계란말이, 계란프라이 완전정복

재료 : 계란 2개, 토판염 2꼬집, 맛술 1큰술, 현미유 조금

1. 빈 볼에 계란 2개, 토판염, 맛술을 넣고 거품기를 저어줍니다.
2. 1의 계란물을 체에 받쳐 알끈을 제거해주세요.
3. 달구어진 프라이팬에 기름 솔을 이용하여 얇게 펴 바릅니다.
4. 약한 불에서 서서히 온도를 높여 손을 올렸을 때 열기가 훈훈하게 올라올 때까지 달구어줍니다. 온도가 너무 높으면 계란에 기포가 생겨 계란말이의 모양이 예쁘게 나올 수 없으니 약한 불에서 서서히 온도를 높이는 것이 제일 중요합니다.
5. 계란 1장에 계란물을 3큰술 기준으로 부어줍니다. 계란은 60도에서도 익기 때문에 2/3 정도 익었을 때 폭을 좁게 잡아가면서 실리콘 뒤집게로 계란을 말아줍니다.
6. 앞에서 말아놓은 계란을 앞으로 당기고 3, 4의 과정을 3회 정도 반복해서 계란을 말아주세요.
7. 도톰하게 말아진 계란말이는 한 김 식혀 먹기 좋은 사이즈로 자릅니다.

08 촉촉한 계란프라이 만들기

1. 약한 불에 2~3분 정도 프라이팬을 서서히 달구어 현미유 1큰술을 두르고 계란을 깨뜨려 살포시 프라이팬에 넣어줍니다.
2. 물 1작은술을 넣고 뚜껑을 바로 닫아줍니다. 약간의 수분이 들어가면 계란프라이가 겉은 바삭하고 속은 촉촉하게 만들어집니다.
3. 약한 불에서 완숙은 3분~3분 30초, 반숙은 1분 30초에서 2분을 기준으로 조절하고 마지막에 토판염 1꼬집을 뿌려줍니다.

도시락 맛과 영양을 살려주는 밑반찬

땅콩조림

재료 : 생땅콩 300그램, 현미유 1작은술, 소금 1작은술, 검정깨

조림장 : 맛간장 6큰술, 조선간장 2큰술, 다시마물 반 컵, 맛술 2큰술, 조청 3큰술, 꿀 1큰술

1. 생땅콩은 깨끗이 씻어 끓는 물에 소금 1작은술, 현미유 1작은술을 넣고 20분간 살짝 익혀줍니다.
2. 1의 삶은 땅콩은 찬물에 헹구고 체에 받쳐 물기를 뺍니다.
3. 냄비에 2의 땅콩과 분량의 조림장을 넣고 조림장이 자작해질 때까지 조려 불을 끄고 한 김 식혀 반찬통에 넣고 2~3주간 냉장 보관이 가능합니다.

검정콩조림

재료 : 검정콩 300그램, 현미유 1작은술, 소금 1작은술

조림장 : 맛간장 6큰술, 조선간장 3큰술, 다시마물 반 컵, 맛술 2큰술, 조청 3큰술, 꿀 1큰술

1. 검정콩은 깨끗이 씻어 불리지 않고 끓는 물에 현미유 1작은술, 소금 1작은술을 넣고 30분 정도 삶아 살짝 익혀줍니다.
2. 1의 검정콩은 찬물에 헹구어 체에 받쳐 물기를 빼줍니다.
3. 냄비에 2의 검정콩과 분량의 조림장을 넣고 중간 불에서 조림장이 자작해질 때까지 조린 후 한 김 식혀 반찬통에 넣고 2~3주간 냉장 보관이 가능합니다.

무장아찌 볶음

재료 : 무장아찌 1토막, 들기름 2큰술, 조청 5큰술, 마늘 1작은술

1. 무장아찌는 먹기 좋은 크기로 가늘게 채 썰어주세요.
2. 빈 볼에 1의 채 썬 무를 넣고 조청 5큰술을 함께 넣어 조물조물 무쳐 2시간 정도 절여줍니다.
3. 삼투압 때문에 무장아찌에서 염분과 불순물이 빠져나왔을 때 면보로 물기를 꽉 짜서 수분을 완전히 제거해주세요.
4. 달구어진 프라이팬에 들기름 2큰술, 마늘 1작은술을 넣고 약한 불에서 마늘이 타지 않게 볶다가 3의 무장아찌를 센 불에서 2~3분 정도 볶아 한 김 식혀 반찬통에 넣고 2~3주간 냉장 보관이 가능합니다.

메추리알 조림

재료 : 메추리알 한판, 소금 1작은술

조림장 : 맛간장 6큰술, 조선간장 2큰술, 다시마물 반 컵, 맛술 3큰술, 조청 3큰술

1. 냄비에 메추리알을 넣고, 소금 1작은술을 넣어 15분 정도 삶아줍니다.
2. 1의 메추리알은 찬물에 담가 껍질을 벗겨주세요.
3. 냄비에 분량의 양념장과 2의 메추리알을 넣고 중간 불에서 조림장이 1/3 정도 남을 때까지 조려 불을 끄고 한 김 식혀 반찬통에 담아 일주일 정도 냉장 보관이 가능합니다.

잔멸치볶음

재료 : 잔 멸치 200그램, 현미유 2큰술

조림장 : 맛간장 2큰술, 토판염 2꼬집, 마늘 1큰술, 조청 3큰술, 꿀 1큰술, 유자청 1큰술

1. 냉장 보관된 잔멸치를 구입하여 체에 받쳐 흔들어 먼지와 이물질을 제거합니다.
2. 달구어진 프라이팬에 잔멸치를 1~2분 볶아 먼저 비린내를 날려주고 현미유 2큰술을 두르고 중간 불에서 2~3분 볶다가 빈 볼에 담아두세요.
3. 분량의 양념장을 팬에 넣고 와르르 끓어 오를 때 3의 잔멸치를 넣고 약한 불에서 소스가 자작해질 때까지 뒤적여줍니다.
4. 너무 오래 양념에 뒤적여주면 딱딱해질 수 있으니 2~3분을 넘기지 않도록 하고 힘 김 식혀 반찬통에 넣고 2~3주 정도 냉장 보관이 가능합니다.

잔멸치곤약조림

재료 : 잔 멸치 볶음, 곤약 1/2토막

조림장 : 맛간장 3큰술, 조선간장 1큰술, 다시마물 3큰술, 맛술 1큰술, 조청 2큰술

1. 곤약은 먹기 좋은 크기로 가늘게 채 썰어 끓는 물에 한 번 데쳐 불순물과 아린 맛을 제거해줍니다.
2. 팬에 분량의 양념장을 넣고 끓기 시작하면 데친 곤약을 넣은 후 조림장이 자작해질 때까지 조려줍니다.
3. 곤약이 완전히 식었을 때 볶아 놓은 잔멸치를 넣고 서로 아우러지도록 뒤적여 섞어주세요.

* 잔멸치볶음 레시피를 참고하세요.

우엉채볶음

재료 : 우엉 300그램, 당근, 현미유 1큰술, 마늘 1작은술, 토판염 2꼬집, 식초 2큰술

조림장 : 맛간장 3큰술, 조선간장 1큰술, 맛술 1큰술, 조청 1큰술

1. 껍질이 있는 우엉은 칼등으로 껍질을 벗기고 5센티 길이로 굵게 채 썰어 식초물에 담가 끓는 물에 식초 1큰술을 넣고 아삭하게 데쳐냅니다.
2. 당근은 우엉채와 같은 굵기와 길이로 채 썰어줍니다.
3. 달구어진 프라이팬에 현미유 1큰술을 둘러 마늘을 넣고, 약한 불에서 타지 않게 볶다가 센 불에서 우엉, 당근, 토판염 2꼬집을 넣고 볶아주세요.
4. 3에 분량의 조림장을 넣고 양념장이 자작해질 때까지 윤기나게 볶아 한 김 식혀 반찬통에 담아 2~3주 정도 냉장 보관이 가능합니다.

잔멸치우엉볶음

재료 : 잔멸치 볶음, 우엉채 볶음, 꿀 1큰술

1. 냉장고에 남아있는 멸치볶음과 우엉채 볶음을 1 : 1 비율로 준비합니다.
2. 빈 볼에 볶아놓은 잔멸치, 우엉볶음, 꿀 1큰술을 넣고 서로 아우러지도록 섞어줍니다.

* 밑반찬은 항상 끄트머리 1/3이 남게 되면 때 손이 가지 않는 경우가 많은데 이렇게 우엉과 멸치에 꿀만 조금 가미해서 드시면 새로운 반찬으로 완성됩니다.

* 우엉채 볶음 레시피를 참고하세요.

연근조림

재료 : 연근 300그램, 저민 생강 약간, 마른 고추 1개, 식초 2큰술, 검정깨

조림장 : 맛간장 5큰술, 조선간장 2큰술, 맛술 3큰술, 다시마물 1/2컵, 조청 3큰술, 꿀 1큰술

1. 껍질 있는 연근을 구입하여 감자필러로 껍질을 벗겨 먹기 좋은 크기로 썰어 연한 식초물에 담가줍니다.
2. 끓는 물에 식초 1큰술을 넣고 연근을 살짝 데쳐내세요.
3. 마른 홍고추는 반으로 갈라 씨를 털어낸 후 듬성듬성 썰고 생강은 저며줍니다.
4. 분량의 양념장을 냄비에 넣고 끓어 오르면 2의 연근, 마른 홍고추, 생강을 넣고 조림장이 자작해질 때까지 조려서 완성합니다.
5. 한 김 식힌 연근조림에 검정깨를 뿌려내고 한 김 식혀 냉장고에 2주일 정도 보관이 가능합니다.

홍새우볶음

재료 : 홍새우 200그램, 검정깨, 현미유 2큰술

조림장 : 맛간장 3큰술, 조선간장 1큰술, 맛술 2큰술, 생강즙 2큰술, 마늘 1작은술, 고추기름 1큰술, 조청 3큰술, 꿀 1큰술

1. 냉장 보관 홍새우를 구입하여 마른 팬에 1~2분 살짝 볶다가 현미유 2큰술을 두르고 중간 불에서 살짝 볶아내 빈 볼에 담아놓습니다.
2. 팬에 분량의 양념장을 넣고 와르르 끓여주세요.
3. 끓어오른 양념장에 1의 홍새우를 넣고 약한 불에서 앞뒤로 뒤적여 양념장이 잘 스며들도록 합니다.
4. 한 김 식힌 홍새우 볶음에 검정깨를 뿌려내고 한 김 식혀주면 2주 정도 냉장 보관이 가능합니다.

새송이곤약장아찌

재료 : 미니 새송이버섯 1팩, 곤약 1/2모
조림장 : 다시마물 1컵, 맛간장 5큰술, 조선간장 2큰술, 맛술 2큰술, 조청 2큰술, 꿀 1큰술

1. 미니 새송이버섯은 반으로 잘라 끓는 물에 살짝 데쳐주세요.
2. 곤약은 먹기 좋은 크기로 잘라 1의 버섯 데친 물에 데쳐 버섯과 함께 체에 받쳐 물기를 빼줍니다.
3. 냄비에 분량의 조림장을 넣고 1의 곤약을 10분 정도 먼저 조려주고 마지막에 새송이버섯을 넣고 2~3분간 더 조려준 후 불을 끕니다.
4. 한 김 식혀 반찬통에 담고 2주일 정도 냉장 보관이 가능합니다.

오이장아찌볶음

재료 : 오이장아찌 2~3개, 들기름 2큰술, 통깨, 조청 5큰술, 마늘 1작은술

1. 오이장아찌는 먹기 좋은 크기로 잘라서 조청에 2~3시간 절여주세요.
2. 삼투압 때문에 1의 장아찌에서 염분과 불순물이 나왔을 때 면보로 꽉 짜줍니다.
3. 달구어진 프라이팬 들기름 2큰술, 마늘 1작은술을 넣고 약한 불에서 타지 않게 볶아줍니다.
4. 3의 팬에 2의 오이장아찌를 넣고 센 불에서 재빨리 볶아내고 한 김 식혀 반찬통에 넣고 한 달간 냉장 보관이 가능합니다.

꼴뚜기조림

재료 : 말린 꼴뚜기 200그램, 현미유 2큰술

조림장 : 맛간장 3큰술, 조선간장 1큰술, 다시마물 3큰술, 맛술 2큰술, 생강술 1큰술, 마늘 1작은술, 조청 2큰술, 꿀 1큰술

1. 말린 꼴뚜기는 찬물에 30분 정도 담가 염분을 살짝 제거하고 꼴뚜기를 부드럽게 만들어주세요.
2. 냄비에 분량의 조림장을 넣고 조림장이 끓기 시작하면 1의 불린 꼴뚜기를 넣고 조려주세요.
3. 조림장이 자작하게 조려졌을 때 불을 끄고, 한 김 식혀 반찬통에 넣어 2주일간 냉장 보관이 가능합니다.

홍합조림

재료 : 말린 홍합 200그램

조림장 : 다시마물 반 컵, 맛간장 3큰술, 조선간장 1큰술, 맛술 2큰술, 조청 2큰술, 꿀 1큰술, 마늘 1작은술, 생강술 1큰술

1. 말린 홍합은 찬물에 30분 정도 담가 불려줍니다.
2. 냄비에 분량의 조림장을 붓고 끓기 시작하면 1의 홍합살을 넣고 중간 불에서 조려주세요.
3. 조림장이 자박자박해지면 불을 끄고 한 김 식혀 반찬통에 넣고 2~3주간 냉장 보관이 가능합니다.

황태장아찌

재료 : 황태 몸통, 양념장, 고추장 5큰술, 고춧가루 2큰술, 맛간장 2큰술, 맛술 3큰술, 조청 3큰술, 꿀 2큰술, 마늘 1큰술

1. 질 좋은 황태는 몸통 부분만 잘게 찢어줍니다.
2. 냄비에 분량의 양념장을 넣고 약한 불에서 타지 않게 잘 저어가면서 한 번 와르르 끓여주세요.
3. 2의 양념장에 1의 황태를 넣고 황태에 양념장이 잘 스며들도록 조물조물 무쳐줍니다.
4. 조금 더 깊은 맛의 황태장아찌를 맛보고 싶다면 1차 양념과 똑같은 분량의 양념장을 끓여 2차 양념을 해주면 촉촉하고 깊은 맛의 황태장아찌가 완성됩니다.
5. 반찬통에 넣고 1년 정도 냉장 보관이 가능합니다.

우엉조림

재료 : 우엉 300그램, 식초 1큰술

조림장 : 맛간장 6큰술, 조선간장 3큰술 컵, 다시마물 반 컵, 맛술 2큰술, 토판염 2꼬집, 조청 3큰술, 꿀 1큰술

1. 껍질이 있는 우엉을 구입하여 칼등으로 흐르는 물에서 껍질을 벗겨 5센티 간격으로 통으로 썰어 식초물에 담구어주세요.
2. 끓는 물에 식초 1큰술을 넣고 1의 손질한 우엉을 넣고 1분 정도 데쳐줍니다.
3. 냄비에 분량의 조림징을 넣고, 끓기 시작하면 2의 데친 우엉을 넣고 조림장이 자작해질 때까지 조려줍니다.
4. 한 김 식힌 우엉은 반찬통에 담고 2주 정도 냉장 보관이 가능합니다.

고추장멸치장아찌

재료 : 볶음용 가이리(멸치의 종류) 300그램, 검정깨, 현미유 3큰술

양념장 : 고추장 5큰술, 고추가루 2큰술, 맛술 2큰술, 조청 3큰술, 꿀 3큰술, 맛간장 2큰술, 생강술 2큰술, 마늘 1큰술

1. 냉장 보관된 질 좋은 멸치를 마른 팬에 살짝 볶다가 현미유 3큰술을 두르고 중간 불에서 멸치가 타지 않도록 3~4분 정도 볶아서 빈 볼에 담아두세요.
2. 팬에 분량의 양념장을 넣고 와르르 끓어오르면 1의 볶아낸 멸치를 넣고 아주 약한 불에서 소스가 자작해질 때까지 앞뒤로 뒤적여 멸치에 양념이 잘 스며들게 합니다.
3. 한 김 식힌 고추장 멸치에 검정깨를 뿌려 식힌 후 반찬통에 넣고 한 달 정도 냉장 보관합니다.

오징어채볶음

재료 : 오징어채 200그램,

조림장 : 맛간장 3큰술, 조선간장 1큰술, 맛술 2큰술, 마늘 1큰술, 생강술 2큰술, 조청 3큰술, 꿀 1큰술, 마요네즈 3큰술

1. 말린 오징어채는 냉장 보관된 것을 구입하여 가위로 먹기 좋게 잘라 체에 넣고 흔들어 부스러기와 먼지를 제거합니다.
2. 손질한 오징어채는 물에 살짝 씻어 낸 다음 체에 받쳐 물기를 뺍니다.
3. 팬에 분량의 조림장을 넣고 와르르 끓여 2의 오징어채를 넣고 약한 불에서 윤기 나게 볶아주세요.
4. 완성된 오징어채는 한 김 식힌 후 반찬통에 담고 한 달 정도 동안 냉장 보관이 가능합니다.

미역줄기볶음

재료 : 미역 줄기 300그램, 마늘 1큰술, 현미유 2큰술, 들기름 1큰술, 토판염 1작은술

1. 염장된 미역 줄기는 박박 주물러 씻은 후 찬물에 1시간쯤 담가 짠맛을 빼고 먹기 좋은 길이로 썰어줍니다.
2. 달구어진 프라이팬에 현미유 2큰술, 들기름 1큰술을 두르고 약한 불에서 마늘을 먼저 볶다가 마늘 향이 돌기 시작하면 손질한 미역 줄기를 넣고 센 불에서 볶아주세요.
3. 미역 줄기가 니른히게 볶이지면 토판염과 통깨를 뿌리고 한 김 식혀 반찬통에 담고 일주일간 냉장 보관이 가능합니다.

김자반

재료 : 김 10장, 들기름 3큰술, 현미유 1큰술, 설탕 1큰술, 통깨, 토판염 2꼬집

1. 김은 가능한 가늘게 잘라서 준비합니다.
2. 달구어진 프라이팬에 들기름 3큰술, 현미유 1큰술을 두르고 약한 불에서 기름에 온도를 올려주세요.
3. 1의 김을 모두 넣고, 설탕, 토판염, 통깨를 넣고 약한 불에서 타지 않게 볶아냅니다.
4. 한 김 식힌 후 반찬통에 넣고 한 달 정도 냉동 냉장 보관이 가능합니다.

호두조림

재료 : 호두 300그램, 현미유 1작은술

조림장 : 맛간장 5큰술, 조선간장 2큰술, 맛술 2큰술, 조청 3큰술, 꿀 2큰술

1. 호두살 가운데 딱딱한 부분은 이쑤시개를 이용하여 떼어냅니다.
2. 끓는 물에 호두를 넣고 2~3분 정도 삶아 찬물에 헹구어 체에 받쳐 물기를 빼고 호두의 떫은 맛을 없애 줍니다.
3. 냄비에 분량의 양념장과 현미유 1작은술을 넣고 와르르 끓어 오르면 데친 호두를 넣고 양념장이 자작해질 때까지 윤기나게 볶아주세요.
4. 한 김 식힌 호두조림은 반찬통에 넣고 2~3주간 냉장 보관이 가능합니다.

오이볶음

재료 : 청오이 1개, 굵은 소금, 현미유 1/2큰술, 들기름 1/2큰술, 마늘 1작은술, 토판염 1작은술

1. 청오이는 굵은 소금으로 문질러가면서 씻어줍니다.
2. 채칼을 이용하거나 칼로 얇게 썰어서 토판염 1작은술을 넣고 5분 정도 절여주세요.
3. 2의 절인 오이를 찬물에 한 번 헹구어 면보를 이용해 오이의 수분을 꽉 짜줍니다.
4. 달구어진 프라이팬에 현미유 1/2큰술, 들기름 1/2큰술, 마늘 1작은술을 넣고 약한 불에서 마늘이 타지 않도록 살짝 볶아주다가 3의 절여진 오이와 토판염 1꼬집을 넣고 센 불에서 2~3분 아삭하게 볶아 한 김 식혀 반찬통에 담고 2~3일 냉장 보관합니다.

비트초절임

재료 : 비트 1/4쪽, 무반통, 레몬 1/4
단촛물 : 식초 1컵 반, 맛술 반 컵, 흰 설탕 한 컵, 토판염 1작은술, 월계수잎

1. 비트는 깨끗이 씻어 껍질을 벗겨 비트 특유의 핑크색이 잘 나오도록 큼직하게 채 썰어줍니다.
2. 무는 깨끗이 씻어 먹기 좋은 크기로 채 썰어줍니다.
3. 냄비에 분량의 단촛물을 붓고 와르르 끓여 식혀줍니다.
4. 1과 2의 재료를 밀폐용기에 넣고 단촛물을 붓고 레몬을 넣어 장기간 보관할 수 있도록 합니다.

*단촛물은 모듬야채 피클을 담을 때 사용하는 레시피입니다. 이번 도시락 책에 밑반찬으로 나오는 모듬야채 피클은 위의 레시피 분량입니다.

김부각

재료 : 장아찌용 김, 다시마물 1컵, 찹쌀가루 3큰술, 까나리액 2큰술, 통깨

1. 다시마물 1컵에 찹쌀가루 3큰술을 넣고 조금 걸쭉하게 찹쌀 풀을 만들어줍니다.
2. 한 김 식힘 찹쌀 풀에 까나리액젓 2큰술을 넣고 고루 섞어주세요.
3. 꼭 장아찌용 김이나 김밥용 김을 준비해서 2의 찹쌀 풀을 1장씩 발라 모두 3~4장을 붙여줍니다.
4. 3의 찹쌀 풀을 바른 김에 통깨를 뿌리고, 햇빛이 잘 드는 곳에 하루 이틀 꾸덕꾸덕하게 잘 말려서 먹기 좋은 크기로 잘라 냉장, 냉동 보관합니다.

이런 먹거리는 노 땡큐~

01 몸을 버리는 음식!

흰 밀가루
흰 밀가루는 통밀 껍질을 벗기고 표백한 뒤 보존기간을 늘리기 위해 방부 처리를 하는데 이때 밀가루의 영양소가 파괴되고 유해물질이 첨가됩니다. 부침가루나 튀김가루에는 흰 밀가루보다 더 많은 화학첨가물이 들어 있어요. 흰 밀가루로 만든 케이크, 과자, 피자, 햄버거, 라면 같은 음식보다는 국내산 통밀가루로 만든 먹을 거리를 이용하세요.

흰 빵
희고 부드러운 빵일수록 더 많은 첨가물과 가공 기술이 동원됩니다. 그러므로 거친 통밀이나 잡곡으로 만든 빵을 드세요.

콜라
콜라 성분 중 가장 문제가 되는 건 설탕과 인산입니다. 설탕을 많이 섭취하면 저혈당을 유발하고 인산은 무기질의 밸런스를 깨드리고 칼슘을 용해시켜서 아이들에게 특히 더 유해해요.

포테이토칩
튀기거나 칩으로 만든 감자는 비타민C 가 완전히 파괴되고, 지방 함유율이 40%나 되어 더 이상 감자가 아니랍니다. 대부분의 포테이토칩은 변형된 지방으로 만든 기름으로 튀기기 때문에 몸에 아주 해롭습니다. 삶거나 찐 감자의 지방 함유율은 단 1%라는 걸 잊지 마세요.

지방
지방 섭취가 늘어나면서 지방이 산화하며 생기는 발암물질이 심각한 문제로 떠올랐어요. 고도의 불포화지방산을 많이 함유하고 있는 고등어를 염장해 말리거나 냉동 보관했다가 먹는 것은 자살행위나 다름없다고 해요. 흰 살

생선보다 기름이 많은 등푸른 생선은 더 빨리 산패되므로 싱싱한 생물을 먹는 게 좋아요. 생물이 비싸다면 두 번 먹을 것을 한 번으로 줄여 생물을 드시는 것이 중요합니다.

팜유

팜유는 프림, 라면, 과자 등 대부분의 유탕 처리 식품을 튀기는 기름이에요. 식물성이라고 하지만, 상온에서는 고체이므로 포화지방산의 함유량이 높은 동물성 지방 못지 않게 해롭답니다. 라면 대신 국수를, 과자 대신 친환경 먹을거리를 이용하세요.

올리브유

올리브유의 지방산은 불포화지방산이지만 산화될 위험이 적고 암 치료에도 효과가 있는 것으로 알려져 있습니다. 하지만, 수입 올리브유는 유통기한이 길어서 가공 과정이 의심스럽긴 해요. 그래도 올리브유를 사용하려면 뿌연 침전이 있고 색이 더 진하며 'extra virgin 100%'라고 표기된 압착 올리브유를 선택하는 게 좋습니다.

마가린

마가린을 건강에 좋지 않은 동물성 지방 덩어리인 버터 대용으로 생각하는 사람이 많아요. 하지만, 마가린은 말만 식물성이지 가공 과정을 통해 동물성 식품에 들어 있는 포화지방산으로 변해버린 상태랍니다. 마가린을 써야 한다면 차라리 버터를 사용하세요.

간장, 식초

술을 마시더라도 위스키 같은 증류주보다 맥주, 막걸리 같은 양조주가 몸에 더 좋습니다. 마찬가지로 첨가제로 만들어진 합성간장이나 합성식초보다는 숙성시켜 만든 양조간장, 양조식초가 몸에 훨씬 좋답니다.

오렌지

미 캘리포니아의 5대 농산물 중 하나인 수출용 오렌지는 시퍼런 상태에서 낙과제로 범벅이 되는 등 배에 실리기 전부터 이미 농약으로 절여집니다. 수확 후에 살포되는 농약은 재배 중에 살포되는 농약보다 훨씬 더 위험하다고 합니다.

두유

시판되는 대부분의 두유는 껍질을 제거한 것이어서 콩이 영양분을 완벽하게 섭취할 수 없을 뿐만 아니라, 산화방지제 등의 화학첨가물이 많이 들어있답니다. 가능하면 국산 콩을 구입해서 직접 갈아 두유를 만들어 보세요. 번거롭기는 해도 일단 맛과 영양을 알게 되면 생각이 달라질 거예요.

02 거부할 수 없는 유혹 설탕

설탕은 태어나는 순간부터 우리의 입맛을 길들이기 시작하는 식품입니다. 태어나자마자 먹는 모유에 담긴 젖당은 뇌의 호르몬을 분비시켜 행복감을 느끼게 한데요. 반면에 분유와 이유식에는 설탕이 20%가 넘게 들어가 있어요. 유아기 아이들에게 제공되는 각종 과자와 아이스크림, 청량음료, 게다가 세 끼 식사와 반찬, 심지어 담배에도 설탕이 들어있다고 하니 평생 동안 설탕 없이 살 수 있는 날이 하루도 없다고 봐도 무방할 듯싶어요.

설탕이 마음껏 먹을 수 있는 몸에 좋은 음식이라면 좋겠지만 '백색의 공포'라는 별명이 붙을 만큼 우리 몸에 해로운 식품이니 가능한 섭취하지 않는 것이 좋겠지요.

설탕은 사탕수수나 사탕무로 만들어 천연조미료일 거라고 착각하기 쉽습니다. 그러나 설탕은 사탕수수와 사탕무의 원당에서 단맛을 내기에 좋은 순도 높은 당만 추출해낸 화학조미료예요. 이 원료당이 가지고 있던 각종 무기질과 비타민 섬유질 등 우리 몸에 유익한 성분들은 가공 과정에서 이미 사라진답니다. "백설탕이 가장 좋다", "황설탕이 좀 더 낫다", "흑설탕은 천연 그대로의 상태다"라는 등 설탕을 두고 설전이 오가는 경우가 있는데 단순 명료하게 결론을 내자면 백설탕, 황설탕, 흑설탕 모두 오십보백보랍니다.

정제 과정을 거쳐 가장 먼저 만들어지는 설탕이 백설탕인 셈이고 황설탕은 백설탕을 한 번 더 가공하는 것이 황설탕이니 백설탕보다 나을 것이 없답니다. 흑설탕은 황설탕에 캐러멜 시럽을 섞어 만들어요. 황설탕이 원료 당의 향을 가지고 있어 커피에 많이 사용되는 반면 독특한 향과 색상을 가진 흑설탕은 보통 수정과나 약식에 주로 사용됩니다.

이렇게 만들어진 정제 설탕은 충치를 일으키고 비만의 주원인이 되는 것은 말할 것도 없죠. 정제 설탕은 혈액을 산성화하는데 이때 우리 몸은 산성화를 막기 위해 칼슘을 소모하게 됩니다. 천연 진정제라고 불리는 칼슘은 집중력을 높여주고 성격을 온화하고 차분하게 만드는데 큰 역할을 하는데 그 중요한 성분이 설탕으로 인해 몸이 산성화되는 것을 막는 데 소모된다고 하니 아깝고도 아깝지 않나요.

03 설탕을 대체할 수 있는 여러 가지 식품

꿀

색이 맑고 투명하며 맛과 향이 좋아 요리 등에 가장 많이 이용되는 아카시아 꿀은 면역력을 강화해주고 변비나 빈혈에도 좋다고 해요.

올리고당

올리고당은 당질 원료에서 얻은 당 액을 가공한 것으로 단맛을 내주면서도 칼로리는 거의 없습니다. 설탕과 비슷한 단맛이 나지만 칼로리는 1/4 정도로 낮다고 하니 설탕 대신 사용하면 좋답니다.

조청

조청은 찹쌀과 엿기름을 끓여서 식힌 후 찌꺼기를 걸러내 약한 불에서 오랫동안 졸여 만듭니다. 천연으로 만든 조청은 떡을 찍어 먹어도 좋고 설탕을 대신하는 양념으로 훌륭한 역할을 하죠. 또한 찹쌀과 보리 싹을 틔워 만든 엿기름의 영양분이 녹아 있어 성장기 어린 아이에게 좋고 두뇌를 건강하게 해줍니다.

하얀 물엿은 대부분 값싼 옥수수 전분 100%로 정제하여 만들어지는데 유전자 조작 농산물(GMO)을 사용할지도 모르고 제조 과정에서 불순물을 없애기 위해 옥수수의 전분만 추출하고 탈색해서 투명하게 만들기 때문에 영양의 99% 이상이 파괴된다고 합니다.

> 과일청

서양 음식에 '잼'이 있다면 동양 음식에는 '청'이 있답니다. 잘 익은 국내산 제철 과일에 설탕, 꿀 등을 재워 만드는 과일청은 가열하지 않고 순수하게 숙성시켜 만드는 우리의 건강한 음식이에요. 중간 불에서 끓여 만드는 잼과 차이가 있으며 설탕 대신 과일청을 만들어 드레싱 재료, 천연감미료, 간식 등에 다양하게 활용할 수 있어요. 정제된 설탕 맛에 익숙해진 아이들에게 과일청의 천연 단맛이 익숙해지도록 습관을 들여주면 건강을 지켜 수 있어요.

> *뉴슈가(사카린나트륨)는 무엇일까?

칼로리는 없고 당도가 설탕보다 300배로 훨씬 높고 가격은 싸서 한때는 각종 요리에 이용되었고, 다이어트용으로 각광을 받기도 했어요. 그러나 뉴슈가를 많이 섭취하거나 미량으로 지속적으로 섭취할 경우 방광염, 빈혈, 점막자극, 신장장애를 일으킬 수 있다고 해요. 아직도 옥수수를 삶을 때는 뉴슈가를 넣어야 제 맛이라고 해서 삶아서 파는 옥수수에 많이 사용하지요. 시중에 판매되고 있는 단무지에도 뉴슈가가 사용된다고 해요.

04 패스트푸드를 먹어서는 안 되는 8가지 이유

> 1. 영양의 불균형을 가져오고 인체에 유해한 첨가물이 가득해요.

영업 비밀이라는 이유로 재료를 공개하지 않는 패스트푸드는 성분 표시가 없는 정체 불명의 음식이에요. 패스트푸드의 주원료는 동물성 지방, 단백질, 정제된 설탕, 소금, 화학 조미료 등이랍니다. 아이들의 성장과 대사에 필요한 비타민과 무기질을 섭취할 수 있는 녹황색 채소는 찾아볼 수가 없어요. 게다가 대부분의 원료를 수입하고 있는데, 그 원료들은 보존기간을 연장하기 위해 유해물질이 잔뜩 첨가되어있다고 합니다.

> 2. 뼈가 약해져요.

패스트푸드에 사용되는 정제된 소금과 설탕은 뼛속의 인 성분을 녹이고, 칼슘을 소모해서 뼈를 약하게 만듭니다. 패스트푸드와 함께 먹는 콜라와 감칠맛을 내기 위해 첨가하는 '글루타민산'이라는 화학조미료가 바로 뼈를 약하게 만드는 주범이랍니다.

> 3. 뚱뚱해져요.

밥 한 공기의 열량은 300 칼로리인데 햄버거 한 개의 열량은 590칼로리입니다. 햄버거는 열량이 밥보다 두 배 가까이 높아요. 삼겹살의 지방률은 25%인데 반해 햄버거의 지방율은 40%나 된답니다. 패스트푸드는 이처럼 고지방 식품이어서 쉽게 비만에 이르게 한답니다.

> 4. 변비에 걸려요.

고지방, 고칼로리인 패스트푸드는 섬유질이 적어 변비를 유발하고 장 기능을 떨어뜨립니다.

5. 환경 호르몬이 지나치게 많아요.

세계보건기구가 공인한 다이옥신 전문 측정기관에서 발행한 '미 스웨스트 연구서' 에 의하면 맥도날드 빅맥에서 1.2pg, KFC의 치킨에서 1.29pg의 다이옥신이 검출되었다고 해요. 미국 내의 조사 결과지만 우리나라에서도 같은 메뉴가 판매되고 있으므로 참고할 필요가 있겠죠.

6. 만드는 과정이 위생적이지 않아요.

1999년 대한 주부클럽연합회의 조사에 따르면 20여 종류의 햄버거에서 24시간 이내에 식중독을 일으키는 황색포도상구균이 기준치 이상으로 검출되었다고 해요.

7. 로열티를 내고 쓰레기를 사오고 있어요.

외자기업에 로열티를 지불하면서 우리에게 남는 것은 나빠진 건강과 햄버거 포장지, 스티로폼, 음료수 용기 등 수많은 일회용품이 발생시키는 쓰레기는 사회적으로도 큰 문제죠.

05 아이에게 간식을 줄 때 주의할 점

1. 간식의 양은 하루 권장 총량의 10~15%로 하고, 다음 식사에 지장을 주지 않는 가벼운 메뉴를 식사와 식사 사이에 규칙적으로 주세요.
2. 단맛, 짠맛이 강하고 각종 화학첨가물이 들어 있는 인스턴트, 패스트푸드 대신 수분과 비타민 무기질 등이 풍부하고 자연의 맛을 느끼고 씹어 먹을 수 있는 것으로 주세요.
3. 과자나 사탕보다는 다양한 색깔의 야채와 과일을 섞어서 주세요.
4. 우유와 요구르트는 딸기 맛, 초콜릿 맛, 바나나 맛 등과 같은 첨가물이 들어 있는 것보다는 첨가물을 넣지 않은 흰 우유나 유기농 요구르트를 주되 우유를 맹신하지 않는 것이 좋아요.
5. 음료수보다는 보리차를 충분히 먹이고 과일을 껍질째 먹이거나 매실차나 오미자차 등을 먹이도록 합니다.

06 몸에 좋은 식품을 구할 수 있는 곳

〈전국〉생활협동조합(생협)
한살림(http://www.hansalim.or.kr) 1661-0800
아이쿱생협(http://www.icoop.or.kr) 1577-0014

서울, 경기지역

여성민우회생협(http://www.minwoocoop.or.kr) 070-4351-5200
환경운동연합 에코생활협동조합(http://www.ecocoop.or.kr) 02-733-7117
정농생협(서울) 1588-6201

두레생활연합(http://www.dure.coop) 02-3283-7290

마포두레 02-3141-0505(사무국), 성산점 02-3141-0518, 신내점 02-3423-0518, 용강점 02-715-0518

서울남부두레(강남 지역) 02-873-2260(총무부), 02-876-4490(주문상담실)

은평두레(서대문, 은평 지역) 02-386-2558(구산동), 02-385-6233(갈현동)

성북생협(강북 지역) 02-941-0450

한울안생협(원불교, 동작구, 서초 지역) 02-816-6249

우리생협 1588-1588

고양파주두레생협(고양, 파주) 031-919-5700

참좋은 생협(인천, 강화) 032-565-8942

푸른생협(인천) 032-815-2278

경기두레생협(부천, 시흥, 광명) 032-664-0072

경기남부두레생협(경기남부 지역) 031-413-5094

바른생협(성남, 용인, 화성) 031-444-6665

주민생협(분당, 수지, 성남, 동백, 죽전) 031-757-9315

팔당생명살림(남양주, 양평 지역) 031-577-8020

광명YMCA 02-809-2081

부천YMCA 032-321-2477

안양YMCA 032-321-2477

그 외 지역

푸른평화대구 053-632-2148

부산생협 051-342-9023

생명의 공동체경북 054-654-8114

원주생협 033-763-1894

춘천생협 033-253-6294

한울생협전주 063-251-7688

유기농 전문매장

조록마을(http://www.choroki.com) 080-023-0023

무공이네(http://mugonghae.com) 080-435-0020

올가(http://www.orga.co.kr) 080-596-0086

하늘땅불벗(천주교에서 운영 http://www.ecocatholic.org)

미생채(http://www.misaengchae.com) 02-465-2072

도시락을 빛내주는 다양한 도시락 용기

2단으로 된 플라스틱 도시락

한 층은 밥, 한 층은 제철에 나는 신선한 나물, 마른 반찬과 계란말이, 과일 등을 담으면 유용합니다.

스테인리스 도시락

뜨거운 음식을 담아도 환경호르몬이 나오지 않고 내구성이 강하며 음식 냄새가 배지 않고 가벼운 것이 장점입니다. 플라스틱 도시락에 비해 밀폐력이 조금 떨어질 수 있으니 반찬은 유산지나 쿠킹호일에 한 번 싸고 넣는 것이 좋아요.

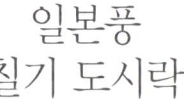

일본풍 칠기 도시락

일본풍의 도시락으로 초밥, 김밥, 지라시스시 등을 담으면 멋지고 고급스러워 보여 고마운 분께 드리는 선물용으로 사용하면 좋습니다.

체중 조절에 도움이 되는 1단 프라스틱 도시락

1인용으로 적당한 양의 밥과 반찬이 들어 갈 수 있어 어린이 도시락이나 체중 조절 도시락에 도움이 되고 부피가 작아 휴대하기 편리해요.

인터넷 도시락 용기 쇼핑몰

www.amaitable.com
샌드위치를 포장할 수 있는 다양한 포장 용기와 국물 음식이나 김치를 담기에 좋은 밀폐용기, 피크닉 용품들을 판매합니다.

www.hosino.co.kr
피크닉을 위한 다양한 종이 접시와 투명 접시, 키티 캐릭터 도시락에서 스테인리스 도시락, 런치박스까지 다양한 도시락 용품을 구입할 수 있습니다.

www.crazykitchen.co.kr
재미있는 모양의 조그마한 케첩이나 마요네즈 등의 소스통에서 보온병, 보온도시락까지 다양한 도시락 용품을 판매하고 있어요.

www.wowweles.co.kr
일본풍의 도시락과 다양한 포장용품을 구입할 수 있습니다. 다양한 종류의 페이백과 프린팅 봉투는 샌드위치 도시락이나 과자 같은 디져트를 쌀 때 편리합니다.

www.forhome.co.kr
도시락을 쌀 때 꼭 필요한 밀폐용기를 다양한 크기와 용도에 맞게 구입할 수 있습니다.

www.misdal.com
체크무늬 등 흔히 볼 수 없는 보온병 외에도 쿨 피크닉 박스, 보온보냉빅백, 스테인리스 푸드 캐리어 등을 판매합니다.

캐릭터 도시락을 예쁘게 만들어줄 도구

밥 모양 틀

캐릭터 도시락이나 예쁜 밥 모양을 만들 때 깔끔하고 단정하게 만들 수 있고 시간도 단축할 수 있어요.

다양한 쿠키틀

채소, 치즈 달걀 지단 등을 쿠키틀로 찍어 도시락을 멋있고 예쁘게 꾸며줄 수 있어요.

주방용 붓

주방용 붓은 마요네즈나 기름 등을 얇게 펴 바를 때 유용하게 사용할 수 있어요.

빨대

캐릭터 도시락을 만들 때 동물의 눈이나 볼 등을 표현하기 위해 쿠키 틀 대신 사용할 수 있어요.

미니 계란말이 전용 팬

예쁜 계란말이를 쉽고 편하게 만들 수 있는 팬으로 작고 가벼워 누구나 근사하게 만들 수 있어요.

미니가위와 핀셋

캐릭터 도시락에 모양 김을 자를 때 유용하고 모양펀치로 자른 김을 핀셋을 이용해 올릴때 꼭 필요한 도구입니다.

모양펀치

온라인 쇼핑몰에서 구입할 수 있고 김을 찍어 캐릭터 도시락 밥 위에 모양을 내 깜찍하고 예쁜 도시락을 완성할 수 있답니다.

파스타면

음식을 고정할 때 이쑤시개를 사용하면 먹을 때 자칫 다칠 수 있지만 파스타면을 사용하면 아이들이 다칠 위험성이 적답니다.

반찬꽂이

반찬꽂이 또는 픽이라고 하는 이 도구를 사용하면 반찬을 고정하거나 밋밋한 도시락을 예쁘고 귀엽게 만들 수 있어요.

소스통

소스나 드레싱 같은 뿌려 먹는 양념은 예쁜 소스통에 따로 담아 도시락에 함께 넣어주세요.

리본

도시락에 예쁘게 리본을 묶어주면 남자친구, 아이들 소풍, 고마운 분께 드리는 선물용 도시락을 더욱 빛내줄거예요.

베이킹 반찬컵

도시락 반찬을 베이킹 반찬컵에 예쁘고 맛깔나게 담아주면 도시락 맛도 더 좋아지지 않을까요?

초보자들을 위한 캐릭터 주먹밥 싸기 팁!!

1. 스케치북에 표현하려는 동물 모양이나 사람 얼굴을 그려줍니다.
2. 각각의 부분에 무엇으로 모양을 표현할 것인지 스케치 하여 적어 넣습니다. 호랑이 귀는 소세지, 얼굴은 김으로 표현할거에요. 여자 아이는 머리는 김, 볼은 당근으로 표현할거구요. 토끼의 경우는 귀를 계란말이와 맛살을 이용해 표현할거에요.

3. 스케치한 모양을 그림대로 잘라 김밥용 김 위에 대고 똑같이 잘라준 후 캐릭터 주먹밥을 멋지게 표현해주세요.

뱃살과 성인병을 줄이는
밥상에서 꼭 바뀌어야 할 것들!!

01 10번 이상 꼭꼭 씹어 먹자 : 음식을 먹으면 혈중 포도당 농도가 올라가는데, 음식을 오래 씹어 먹으면 밥을 먹는 사이에 혈당이 천천히 올라가 혈당이 어느 정도 이상이 되고, 그 상태가 10~20분가량 지속되면 뇌의 중추가 자극을 받아 포만감을 느끼게 됩니다. 그런데 밥을 빨리 먹으면 뇌의 포만 중추가 "이젠 식사 그만"이란 명령을 제때 내리지 못하고, 이로 인해 포만감을 느끼지 못해 밥을 더 먹게 되고, 결국 비만으로 이어질 가능성이 커집니다.

02 물을 제대로 마시자 : 물은 몸에서 근육을 만들 때 필요한 중요한 성분이기도 하지만, 물이 부족해서 생기는 탈수현상은 자신도 모르게 지속되다가 일시적인 아닌 만성탈수에 이르게 되면 뇌에서 갈증의 신호를 배고픔의 신호로 착각하여, 이것이 자연적으로 비만을 유도하는 체질로 바뀌게 되는 심각한 원인이 됩니다.

03 거친 음식을 먹자 : 거친 음식이라 하면 현미처럼 도정하지 않은 곡류를 떠올리기 마련인데, 거친 음식은 현미나 통밀, 보리, 수수 등 도정하지 않은 곡류 외에도 우리 주변에서 흔히 볼 수 있는 채소나 산나물, 콩류, 버섯류, 해조류, 견과류 등이 있어요.

04 탄수화물의 섭취량을 줄이자 : 남녀를 불문하고 40대에 접어들면 근육이 줄어들고 대신 지방이 늘어납니다. 때문에 조금이라도 더 많이 움직이고 덜 먹어야 몸무게를 유지할 수 있습니다. 하루 총 섭취하는 칼로리를 줄이는 것은 아니고 같은 열량 내에서 탄수화물의 섭취를 줄이고 단백질과 적당한 지방으로 대체하는 것입니다.

05 저지방 단백질을 밥상에 꼭 올리자 : 단백질은 우리 몸을 구성하는 살과 피, 근육을 만드는 중요한 영양소입니다. 사람의 몸은 지방이나 탄수화물 섭취가 부족하면 체지방을 분해해서 이용하지만 단백질 섭취기 부족하면 근육이 소실되거나 단백질 결핍 증상이 나타납니다. 한국인의 밥상은 밥이나 면 등 탄수화물을 주식으로 하기 때문에 탄수화물 과다 섭취는 쉬운 반면 단백질은 오히려 부족한 경우가 많습니다.

06 가지가지 색깔이 골고루 있는 밥상을 차리자 : 5가지 색깔을 골고루 맞춰 밥상을 차리는 것이 너무 어렵지 않을까 하는 걱정이 들기 마련이지만, 사실 의외로 간단합니다. 채소와 과일, 곡류를 중심으로 식단을 짜고 될 수 있으면 밥상 위에 5가지 색깔의 음식을 골고루 먹을 수 있도록 조화를 맞추면 됩니다.

PART.2

체중 조절과 체질 개선을 위한 도시락

비만은 체중 및 식욕 조절 기능이 제대로 작동하지 못하는 참 마음이 아픈 병이죠. 최근에는 비만을 '만성 염증성 질환'이라 부른다고 해요. 하지만 비만과의 전쟁에서 승리하는 거 어렵지 않아요! 친환경 다이어트 도시락의 레시피를 잘 활용하면 다른 다이어트처럼 굶거나 음식과의 힘겨운 싸움을 하지 않고도 좀 더 쉽게 체중을 줄이고 체질을 개선할 수 있답니다.

체중 조절을 하기 전에 우선 체질을 개선하고 몸 안의 축척된 독소와 붓기를 뺄 수 있도록 식이섬유가 풍부한 채소류, 과일, 통곡류를 꾸준히 먹어야 합니다. 이것들은 평생 먹어도 누가 뭐라 그럴 사람이 없을 정도로 참 훌륭한 식재료입니다. 식이섬유는 포만감을 일찍 느끼게 해줄 뿐 아니라 비타민과 미네랄이 풍부해요.

그리고 체중 조절을 시작하면 지방에 대한 막연한 두려움도 없애야 합니다. 삼겹살처럼 지방이 많은 음식을 매일 저녁에 먹는다면 문제가 되겠지만, 고기에 붙은 기름이나 샐러드 드레싱 등을 통해 섭취하는 적당한 지방은 포만감을 주죠. 육류를 비판하는 목소리가 높지만 냉정히 따져보면 붉은 살코기의 지방이 건강에 해롭다는 증거는 없어요. 오히려 탄수화물 과다 섭취로 인한 문제가 더 많이 나타나고 있어요. 하지만 하루에 100그램의 탄수화물은 기본적으로 섭취해야 한다는 것은 잊지 마세요.

몸 안의 독소와 붓기를 한번에 해결하는 체중 조절, 체질 개선 도시락으로 건강한 몸, 건강한 체질을 찾아가는 여행을 함께 떠나볼까요?

젊고 날씬하게 만드는 묘약
단호박영양밥과 다시마쌈밥

총 350kcal

비타민과 섬유질이 풍부한 젊고 날씬하게 만드는 묘약 단호박

맛이 밤보다 달아 '밤호박'이라고도 부르는 단호박은 몇 년 전까지만 해도 음식점에서나 볼 수 있었지만, 비타민과 섬유질이 풍부한 건강식품으로 알려지면서 최근에는 마트에서 쉽게 구할 수 있는 젊고 날씬하게 만드는 묘약이라고 불린답니다. 단호박이 다이어트 식품으로 각광받는 이유는 100g당 29kcal로 열량은 낮은 반면 섬유질이 풍부해 변비 걱정을 없애주기 때문이에요. 또한 나트륨 함량이 낮고 칼륨 함량이 높아 고혈압 환자나 짜게 먹는 사람에게 도움이 된답니다.

재료(2인 기준 레시피)

- 단호박영양밥 : 불린 쌀 2컵, 불린 찹쌀 1컵, 다시마물 3컵, 울타리콩, 검정콩(좋아하는 콩이나 밤, 은행을 곁들여도 좋아요), 미니 단호박 1개
- 다시마쌈밥 : 염장 쌈다시마 또는 건조 쌈다시마
- 도시락에 함께 싸줄 밑반찬 : 야채계란말이, 콩자반, 두부된장국, 파프리카, 데친 아스파라거스
- 다시마쌈 초고추장 : 고추장 2큰술, 고추가루 1큰술, 매실액 1작은술, 조청 2큰술, 양조식초 3큰술, 맛술 1큰술, 조선간장 1큰술, 마늘 1/2 작은술, 참기름 조금

이렇게 만들어요

1. 여름에 나는 맛있는 날콩은 끓는 물에 소금 1작은술을 넣고 1분 정도 데쳐 비열이 남지 않도록 찬물에 헹구어 체에 받쳐 물기를 빼줍니다. 밥을 뜸 들일 때, 데친 콩 3큰술을 넣고 섞어주세요.
2. 미니 단호박을 깨끗이 씻어 꼭지 부분을 자른 후 씨를 파내주세요.
3. 단호박에 1의 밥을 채운 후 김이 오른 찜통에 20분 동안 쪄주세요.
4. 염장 다시마일 경우 1시간 동안 찬물에 여러 번 물을 갈아가면서 염분끼를 빼고 물기를 제거해 주세요.
5. 완성된 콩밥을 넣어 해준 밥을 한입 크기로 쥐어 쌈 다시마에 위에 올려 돌돌 말아줍니다.
6. 단호박 영양밥은 한 김 식힌 후 도시락통에 들어갈 수 있도록 적당히 잘라줍니다.
7. 완성된 단호박 영양밥과 다사마 쌈밥을 도시락에 넣어주세요. 사진처럼 밑반찬을 올려 예쁘게 모양을 내주면 좋아요.

남은 콩들은 먹을 만큼 지퍼팩에 넣고 냉동 보관하여 사용해도 좋아요.

건조 다시마일 경우에는 5분 정도 물에 담구어 물기를 완전히 닦아 먹기 좋은 크기로 잘라주세요.

푸른잎 야채나 야채 스틱을 곁들여주면 야채의 수분 때문에 밥이나 반찬이 마르지 않아 신선한 도시락을 쌀 수 있어요.

Tip 초간단 실패 없는 초고추장 만들기

1. 맛술 1큰술, 양조식초 3큰술, 조청 2큰술을 볼에 넣고 전자렌지에 30초 정도 돌려주세요.
2. 한 김 식힌 1의 식초에 고추장 2큰술, 고추가루 1큰술, 조선간장 1큰술, 매실즙 1작은술, 마늘 1/2 작은술을 넣고 고루 섞어 저어주면 집에서 만들었을 때 2% 부족했던 맛이 유명 맛집에서 3개월 숙성시킨 것처럼 아주 맛있는 초고추장이 완성됩니다.

Tip 체중 조절 도시락은 밥과 반찬 가지 수를 늘이는 것 보다는 도시락의 빈 공간을 야채나 제철에 나는 과일로 채워주면 도시락의 내용물이 서로 엉키지 않고 작은 외식으로 내 몸에 모자란 미네랄과 비타민을 흡수 할 수 있어 아주 좋습니다.

내 몸의 지방을 쉬변으로 배출해주는
취나물밥과 토마토베이컨말이

총 350kcal

중성지방과 콜레스테롤을 빼주는 취나물과 피로 회복에 좋은 토마토!
'산나물의 왕'이라고 불리는 취나물은 쌉쌀한 맛과 약간 아릿한 향이 참 매력적입니다. 취나물을 흰 쥐에게 먹인 후 조사한 결과 변을 통해 중성지방과 콜레스테롤이 빠져나가는 놀라운 결과를 얻었다고 합니다. 즉, 내 몸의 지방을 변으로 배출해주는 다이어트에 매우 좋은 식품입니다. 그리고, 토마토는 칼로리가 아주 낮은 다이어트 식품이에요. 방울토마토는 먹기도 편하고 완숙 토마토보다 영양가도 더 높아 식후 디저트로 다섯 알 정도를 먹어주면 피로 회복에 효과가 좋아요.

재료(2인 기준 레시피)

- 밥 : 불린 쌀 2컵, 물 2컵
- 토마토베이컨말이 : 방울토마토 4~5알, 저염 베이컨(국산돼지), 현미유 조금
- 취나물 : 자연취 2줌, 조선간장 1작은술, 토판염 2꼬집, 마늘 1작은술, 들기름 1큰술, 통깨
- 도시락에 함께 싸줄 밑반찬 : 심심한 미역국, 당근 피클, 데친 새우, 계란말이

이렇게 만들어요

1 끓는 물에 소금 1작은술을 넣고 깨끗이 씻은 취나물을 줄기부터 넣고 살짝 데쳐 취나물에 미열이 남지 않도록 찬물에 헹구어 물기를 짜주세요.

2 물기를 짠 취나물은 2~3센치 간격으로 썰어주세요.

3 달구어진 프라이팬에 들기름 1큰술, 마늘 1작은술을 넣고 볶다가 2의 취나물, 조선간장 1작은술, 토판염 2꼬집을 넣고 센 불에서 2~3분 정도 재빨리 볶아주세요.

4 한 김 식힌 밥 2/3공기에 2의 볶아놓은 취나물, 통깨를 넣고 앞 뒤로 뒤적여 섞어줍니다.

5 4의 밥을 랩으로 감싸고 동글게 모양을 잡아줍니다. 너무 힘을 주어 뭉치면 밥알이 뭉게질 수 있으니 조심해주세요.

6 취나물밥에 감싸줄 김밥용 김을 적당히 잘라줍니다.

7 잘라 놓은 김밥용 김에 들기름을 살짝 발라 싸주면 보기에도 좋고 먹기 편한 취나물 밥이 완성됩니다.

8 방울토마토는 깨끗이 씻어 물기를 완전히 제거하고 저염 베이컨을 말아주세요.

9 달구어진 후라이팬에 현미유를 조금 두르고 중간 불에서 8의 토마토의 베이컨 끝 매듭이 프라이팬에 먼저 닿도록 센 불에서 앞뒤로 노릇하게 지져주세요.

10 취나물밥은 랩핑하여 도시락에 넣어주어야 밥이 마르지 않고 먹을 때 쌉싸름하고 향긋한 취나물의 향을 느낄 수 있어요.

밥의 양은 1개당 80그램 (계란 1개 정도 크기) 2개로 밥공기 2/3가 넘지 않도록 합니다.

그래야 베이컨이 풀어지지 않고 접착이 잘 되어 깔끔하게 만들 수 있어요.

이렇게 나물밥을 쌀 때는 단백질이 절대적으로 부족한 경우가 많습니다. 꼭 계란말이나 삶은 계란, 두부구이를 곁들여 드세요.

뽀송뽀송 가을볕에 말린
시래기밥과 황태장아찌

총 330kcal

양구 펀치볼 시래기는
시래기 전용 무를 파종하고 바람이 잘
통하는 해안분지 펀치볼에서 말립니다.
잎사귀가 가늘고 부드러워
아이들이 먹기에도 딱입니다.

가을볕에 말린 무말랭이와 무청 시래기

가을의 뽀송뽀송한 볕이 너무 아까워 "겨울을 준비할 뭐 말려둘 것이 없을까?" 생각하다 무말랭이와 무청 시래기를 말렸어요. 무청 시래기를 푹 무르게 삶아서 뽀송뽀송한 가을볕에 말려야 질기지 않고 입에서 살살 녹는 무시래기를 만날 수 있어요. 볶아서 나물로 먹고 그 나물로 주먹밥도 만들어 먹고, 찬바람 부는 겨울에는 시락국에 밥 한 술 말아서 훈훈한 겨울을 보내면 감기쯤이야 끄떡없겠죠.

재료 (2인 기준 레시피)

- 시래기밥 : 삶은 시래기 100그램, 불린 쌀 2컵, 물 2컵, 김밥용 김
- 시래기나물 양념장 : 맛간장 2큰술, 조선간장 1큰술, 마늘 1작은술, 조청 1큰술, 들기름 1큰술, 통깨, 무장아찌 조금
- 황태장아찌 : 황태 몸통, 고추장 5큰술, 고추가루 2큰술, 맛간장 2큰술, 맛술 3큰술, 조청 3큰술, 꿀 2큰술, 마늘 1큰술
- 도시락에 함께 싸줄 반찬 : 삶은 고구마, 삶은 옥수수, 방울토마토, 포도, 심심한 두부된장국

이렇게 만들어요

1 염분 함량이 많은 무장아찌(울외장아찌도 가능)는 잘게 썰어서 조청 3큰술에 2시간 정도 재워줍니다.

2 햇빛에 잘 말려진 질좋은 시래기를 한 시간 반 정도 푹 삶아 불을 끄고 반나절 정도 뚜껑을 닫고 그대로 불려 놓아요. 시래기 막처럼 생긴 질긴 껍질을 까서 여러 번 씻어줍니다. 삶아놓은 시래기는 먹기 좋은 크기로 잘게 썰어서 준비합니다.

3 달구어진 후라이팬에 들기름 1큰술, 마늘 1작은술을 넣고 약한 불에서 볶아줍니다. 마늘 향이 나기 시작하면 2의 시래기와 1의 무장아찌를 넣고 볶아 줍니다. 분량의 양념장을 넣고 시래기 나물이 고슬고슬해질 때까지 중불에서 볶아주세요.

4 밥 한 공기에 3의 시래기나물을 3큰술 정도 넣고 재료가 아우러지도록 섞어 마지막에 들기름 조금과 통깨를 솔솔 뿌려주세요.

5 4의 밥을 동글동글하게 뭉쳐서 랩으로 말아 주먹밥을 완성합니다.

6 질 좋은 황태는 수방 가위로 황태 몸통을 2등분하고 양념장이 잘 흡수되도록 황태는 잘게 찢어줍니다.

7 냄비에 분량의 황태양념장을 와르르 한 번 끓여줍니다. 6의 황태에 양념장을 붓고 조물조물 무쳐주고 하루가 지난 다음날 같은 분량의 황태양념장을 끓여 2차 양념을 해줍니다.

조청에 재우면 삼투압으로 짠기가 잘 빠지기도 하지만 장아찌의 묵은 냄새도 제거할 수 있고 무장아찌의 아삭한 감칠맛을 즐길 수 있어요.

시래기는 넉넉히 삶아 한 끼 분량씩 지퍼팩에 담아 냉동실에 보관하면 감기 기운이 있을 때, 아침, 저녁 국거리로 사용하면 아주 좋습니다.

1개당 60그램씩 3개를 만들어 시래기밥이 150그램(밥3/2 공기)이 넘지 않도록 합니다.

Tip 손이 많이 가는 반찬이지만 한 번 해놓으면 도시락 반찬으로 그만이고 1년 365일 반찬 걱정 없이 식탁에 올릴 수 있고, 감사하는 분께 선물용으로 드려도 아주 좋아요.

흠잡을 데 없는 고구마 사랑
고구마밥과 신김치어묵볶음

총 280kcal

재료(2인 기준 레시피)

- 고구마밥 : 밤고구마 2개, 불린 쌀 2컵, 물 2컵, 검정깨 조금
- 신김치어묵볶음 : 씻은 김치 한 줌, 어묵 한 줌, 양파 1/4쪽, 맛간장 1큰술, 들기름 조금, 현미유 1큰술, 설탕 1작은술, 마늘 1작은술, 후추 약간
- 도시락에 함께 싸줄 밑반찬 : 콩자반, 데친 브로콜리, 볶은 당근, 계란말이, 심심한 유부된장국

이렇게 만들어요

1 가늘고 작은 고구마를 먹기 좋은 크기로 듬섬듬석 썰어줍니다.

2 분량의 쌀을 넣고 쿠킹호일 뚜껑을 덮어 젓가락으로 4~5개의 구멍을 내주면 밥물이 넘치거나 밥이 설익지 않아요.

3 밥이 끓기 시작하면 센 불에서 2~3분, 호일 뚜껑을 열고 밥물이 자작하게 줄어들 때 1의 고구마를 넣고, 약한 불에서 10~12분 정도 뜸을 들입니다.

4 완성된 고구마밥은 고구마가 뭉그러지지 않게 밥주걱으로 조심스럽게 뒤적여주세요.

5 신김치 또는 묶은지는 깨끗이 씻어 물기를 꼭 짜고 먹기 좋은 크기로 송송 썰어주세요.

6 어묵은 끓는 물에 한 번 데쳐 김치와 비슷한 크기로 썰어주고, 양파도 가늘게 채 썰어서 준비해줍니다.

7 달구어진 프라이팬에 현미유 1작은술을 두르고 양파와 김치를 먼저 볶다가 김치에서 달큰한 냄새가 나기 시작하면 6의 어묵, 맛간장 1큰술, 설탕 1작은술, 마늘 1작은술을 넣고 3분 정도 중간 불에서 볶아줍니다. 마지막에 후추 약간과 통깨를 뿌려서 완성해줍니다.

구수한 누룽지밥을 원하면 12~15분 정도 뜸을 더 들여주세요.

젓가락으로 구멍 내주는 것이 까다롭고 어렵다는 냄비밥과 돌솥밥을 고슬고슬하고 윤기나게 짓는 비법이에요.

염분이 많은 김치는 1시간 정도 물에 담가 사용해도 좋습니다.

체중 조절 도시락 중에서 김치가 들어가는 모든 레시피는 염분과 김치 냄새를 줄이기 위해 한 번 씻어 사용하였어요.

당뇨 환자에게 좋은 고구마

구근류 중에서 비타민C의 함유량이 가장 많으며, 열에 쉽게 손상되지 않아 고구마는 설탕 버금가는 당도를 가졌음에도 GI(혈당지수) 지수가 낮아 당뇨환자에게 아주 좋아요. 밥보다 칼로리는 적으면서도 포만감이 크기 때문에 다이어트식으로도 일품이고 피부가 거칠어지는 것을 막고 노화 예방까지 해주는 흠잡을 데 없는 식품입니다.

짜게 먹는 체질을 바꿔주는
다시마톳밥과 어묵야채지짐

총 360kcal

염분을 배출해주고 고혈압을 예방해주는 톳

우리나라의 중부 이남 특히 제주도와 서남해에 분포해요. 최근에는 건강식품으로 높이 평가되어 국내 수요도 늘고 있고, 톳의 효능을 높이 산 일본에 약 90%가 수출되고 있어요. 우수한 알카리 식품인 톳은 산성인 육류나 쌀밥과 함께 먹으면 체질이 산성화되는 것을 막을 수 있고 칼륨이 풍부하여 여성의 골다공증에도 매우 좋아요. 또한 칼륨은 체내에 들어가 염분을 배출해주고, 고혈압을 예방해주어 염분 섭취량이 많은 식습관을 갖고 있는 우리나라 사람들에게 정말 꼭 필요한 식품이에요.

재료(2인 기준 레시피)

- 다시마톳밥 : 불린 쌀 2컵, 물 2컵 반, 건조 톳 1큰술, 밥 다시마 1큰술, 건조 당근 1큰술, 토판염 1작은술, 김밥용 김, 들기름 1큰술
- 어묵야채지짐 : 어묵 2줄, 당근, 마늘쫑, 맛살 1줄, 계란물, 현미유, 파슬리 가루 조금, 토판염 2꼬집
- 도시락에 함께 싸줄 밑반찬 : 고추장 멸치볶음, 곤약조림, 모듬야채 피클, 심심한 어묵국

   이렇게 만들어요

1 돌솥에 분량의 불린 쌀, 건조 톳, 밥다시마, 말린 당근을 넣고

2 밥이 끓기 시작하면 쿠킹호일로 뚜껑을 만들어 젓가락으로 4~5개의 구멍을 뚫어 덮어주면 밥물이 넘치는 것을 막아줍니다.

3 중간 불에서 2~3분 끓이다가 호일 뚜껑을 열고 밥물이 자작해질 때 아주 약한 불에서 10~12분 정도 뜸을 들이세요.

4 완성된 다시마톳밥에 들기름 1큰술을 두르고 밥주걱으로 앞뒤로 뒤적여 한 김 식혀줍니다.

5 예쁘고 단정하게 만들어주는 주먹밥 틀을 이용하여 다시마톳밥의 모양을 만들어줍니다.

6 5의 다시마톳밥의 가운데 부분을 김밥용 김을 말아서 완성해주세요.

7 당근은 가늘게 채 썰어주고 마늘쫑과 어묵은 끓는 물에 한 번 데쳐 찬물에 헹구어줍니다. 구멍이 뚫린 어묵은 반으로 갈라 채를 썬 당근과 데친 마늘쫑, 맛살을 넣어 속을 채워줍니다.

8 이쑤시개를 이용하여 속이 빠지지 않도록 고정시키고 한입 크기로 잘라줍니다.

9 달구어진 후라이팬에 현미유를 두르고, 계란물을 묻혀 중간 불에서 노릇하게 앞뒤로 부쳐주세요.

Tip 생협에서 나오는 맛살을 이용하면 첨가물이 인체에 유해한 첨가물이 들어가지 않아 안심하고 드실 수 있어요.

밥물은 평소보다 반 컵 더 넣어줍니다.

신이 내린 음식
모듬버섯밥과 열무곤약조림

총 230kcal

칼로리가 낮고 식이섬유가 풍부한 버섯과 눈을 맑게 해주고 기억력을 좋게 해주는 열무

'신이내린 음식'이라고 불릴 민큼 버섯의 효능은 이미 검증되어 있죠. 칼로리가 낮고 식이섬유가 풍부해 다이어트 음식으로도 그만이에요. 항산화 영양소인 셀레늄도 많아 동맥경화와 당뇨, 항암 작용에도 탁월한 효능을 가졌어요.
열무는 많은 양을 먹어도 칼로리가 거의 없고, 눈을 맑게 해주며 기억력을 좋게 해주는 아주 착한 식품입니다. 몸이 붓고 무거울 때 오이와 열무를 볶아서 드시면 이뇨작용으로 몸이 가벼워지고 배변 활동에도 아주 좋답니다.

재료(2인 기준 레시피)

- 모듬 버섯밥 : 애느타리버섯, 표고버섯, 양송이 버섯, 새송이 버섯, 데친 완두콩, 불린 쌀 2컵, 다시마 물 2컵
- 열무곤약조림 : 데친 열무 한 줌(줄기 부분), 곤약 조금, 당근 조금
- 양념장 : 맛간장 2큰술, 조선간장 1큰술, 마늘 1작은술, 조청 1큰술, 맛술 1큰술, 토판염 2꼬집, 들기름 1큰술, 통깨
- 도시락에 함께 싸줄 밑반찬 : 야채계란말이, 야채피클, 야채스틱

이렇게 만들어요

1 버섯은 익으면서 수분이 빠져나가므로 가능한 큼직하게 썰어서 준비해주세요.

2 밥이 끓기 시작하면 중간 불에서 밥물이 자작자작해질 때까지 끓여주세요.

3 아주 약한 불에서 손질한 1의 버섯을 넣고 10분~15분 정도 뜸을 들여주세요.

4 버섯에서 송글송글하고 맛있는 물방울이 맺혀 있을 때 데쳐 놓은 완두콩을 넣고 밥주걱으로 앞뒤로 뒤적여주세요.

5 당근은 가늘게 채를 썰어주고, 열무 줄기 부분을 5센치 간격으로 썰어주세요.

6 힘든 체중 조절에 공복감을 느끼지 않도록 도와줄 곤약은 길고 가늘게 채 썰어 준비해주세요.

7 끓는 물에 소금 1작은술을 넣고 열무와 채를 썰어 놓은 곤약을 데쳐서 찬물에 미열이 없도록 헹구어 체에 받쳐 물기를 빼줍니다.

8 달구어진 프라이팬에 들기름 1큰술, 마늘 1작은술, 데쳐놓은 곤약을 먼저 볶다가 열무, 당근, 토판염 2꼬집을 넣고 센 불에서 1~2분 재빨리 볶아주세요.

9 열무의 숨이 약간 죽었을 때 분량의 양념장을 넣고 소스가 자작해질 때까지 조려주세요.

데친 완두콩은 뜸을 들일 때 넣어주어야 색감이 좋아요.

곤약은 달걀 1개 무게 정도의 양만 썰어 준비합니다.

Tip 열무는 달걀 1개의 양만큼 더 먹어도 약 5칼로리 밖에 나가지 않으니 공복인 경우에는 열무의 양을 늘려 드셔도 좋습니다.

밥이 보약이라는 말은 현미에서부터
현미율무밥과 완두콩새우전

총 400kcal

성인병, 노화를 방지하고 꾸준히 먹으면 피가 맑아지고 체질이 개선되는 현미

쌀겨와 쌀눈이 그대로 고스란히 남아있는 완전 영양식품 현미에 들어있는 비타민E는 체질의 산성화를 막아 성인병, 노화를 방지하고 꾸준히 먹으면 피가 맑아지고 체질이 틀림없이 개선되는 고마운 식품입니다. 진정한 문명 세계에서 정제되고 다듬어진 음식을 섭취하면서도 면역력 결핍이라는 문제에 직면한 현대인들에게는 절대적으로 필요한 고급 섬유질이 부족하죠. 현미를 비롯한 통곡식을 먹는 문화는 시대적인 건강의 위기를 슬기롭게 넘길 수 있는 대안이 아닐까요!

재료(2인 기준 레시피)

- 현미율무밥 : 현미 1컵 반, 율무 반 컵, 물 1컵, 들기름 1큰술, 김밥용 김, 치즈, 검정깨
- 완두콩새우전 : 칵테일 새우 5~6마리, 데친 완두콩
- 완두콩 계란물 : 파슬리 가루 조금, 계란 1개, 토판염 1꼬집, 현미유, 나무꼬치
- 도시락에 함께 싸줄 밑반찬 : 삶은 반숙 계란 1/2, 볶은 당근, 버섯, 풋고추, 생오이, 심심한 소고기 무국

이렇게 만들어요

1 현미율무밥을 계란 1개(약 80그램) 무게가 넘지 않도록 랩을 말아서 사각형 모양으로 만들어주세요.

2 주방용 솔로 들기름을 살짝 발라 김이 오그라들지 않도록 밥의 겉면에 살짝 코팅해줍니다.

3 김밥용 김을 가늘게 1줄, 길게 1줄, 잘라서 2의 현미율무밥을 선물용 포장처럼 띠를 말아줍니다.

4 꽃 모양 쿠키 틀을 이용하여 치즈 2개를 같은 모양으로 찍어내줍니다.

5 다른 하나의 모양은 꽃 모양 쿠키 틀을 이용하여 ½만 찍어냅니다.

6 꽃 모양으로 찍어준 치즈에 ½만 찍어낸 치즈를 올려 꽃 모양이 입체감이 나도록 만들어줍니다.

7 3의 김밥용 김으로 띠를 말아준 현미율무밥 위에 6의 치즈를 올리고 검정깨 3알을 치즈에 올려 모양을 살려줍니다.

8 칵테일 새우는 냉장 해동하고 데친 완두콩을 새우에 말아 이쑤시개를 꽂아줍니다.

9 달구어진 프라이팬에 현미유 1큰술을 둘러 중간 불에서 계란물을 입혀 앞뒤로 노릇하게 부쳐줍니다.

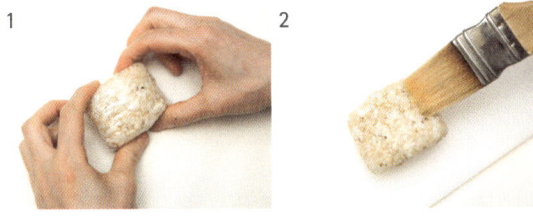

Tip 현미를 먹기 위한 3단계

1. 백미와 현미를 1:3으로 섞어 먹는다. 점차 현미의 비율을 높이거나 현미찹쌀과 섞어 먹다가 현미만 먹는다.
2. 콩, 조, 수수, 율무, 기장 등과 섞어 먹는다.

마음이 차분해지는 참한 나물
참나물옥수수밥과 당근두부부침

총 350kcal

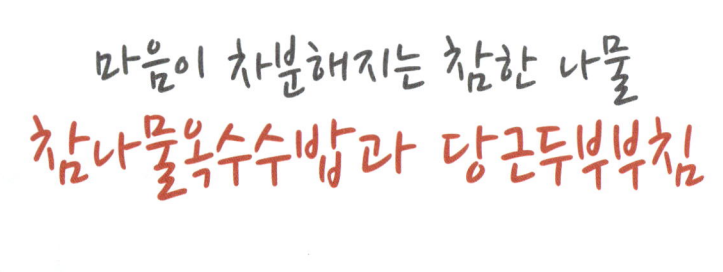

재료(2인 기준 레시피)

- 참나물옥수수밥 : 불린 쌀 2컵, 다시마 물 2컵, 참나물 한 줌, 삶은 옥수수알 2큰술, 마늘 약간, 통깨, 토판염 3꼬집, 들기름 1큰술
- 당근두부부침 : 당근 1/2개, 두부 1/2모, 녹말가루 조금, 현미유 2큰술, 토판염 2꼬집
- 도시락 밑반찬 : 땅콩조림, 연근조림

이렇게 만들어요

1. 참나물은 깨끗이 씻어 끓는 물에 소금 1작은술을 넣고 줄기 부분부터 넣고 살짝 데쳐 미열이 남지 않도록 찬물에 헹구어줍니다.
2. 1의 나물을 물기를 꼭 짜서 2~3센티 간격으로 듬성듬성 썰어주세요.
3. 빈 볼에 2의 참나물, 토판염 3꼬집, 들기름 1큰술, 마늘 약간을 넣고 조물조물 무쳐줍니다.
4. 빈 볼에 밥(2/3공기), 삶은 옥수수 2큰술, 3의 참나물, 통깨를 넣고 주걱으로 앞뒤로 뒤적여주세요.
5. 부침용 단단한 두부는 한입 크기로 잘라주고 토판염 2꼬집을 뿌려 밑간을 하고, 여분의 물기를 키친타올로 제거해줍니다. 꽃 모양 쿠키 틀로 당근꽃을 만들어주고 같은 크기로 두부도 찍어줍니다.
6. 두부의 중앙에 꽃 모양 당근을 넣어 녹말가루를 앞뒤로 골고루 묻혀주세요.
7. 달구어진 프라이팬에 현미유 2큰술을 두르고 6의 두부를 올려 중간 불에서 노릇노릇하게 구워줍니다. 다이어트 중에는 따로 두부에 간장 양념을 곁들이지 않습니다.

체중 조절 중이어서 간을 심심하게 먹어야 할 때는 소금 계량법을 꼬집으로 해야 짜게 먹는 것을 막을 수 있어요!

여기서 가염이 되어있는 통조림 옥수수는 체중 조절에 도움이 안되니 사양하겠습니다.

콩은 체내 흡수율이 65%지만 두부는 95%가 흡수된다고 하니 콩 자체로 먹는 것보다 가공된 두부로 먹는 것이 효과적이고 여성에게 더없이 좋은 참 옳은 식품이에요.

저염식으로 체질을 개선하고 몸 안의 독소와 붓기가 빠져나갈 수 있도록 음식으로 조절을 잘 해야 제실노 개선되고 체중도 줄일 수 있어요.

열량이 낮아 비만 방지에 효과적인 참나물

이름 그대로 향이 참한 참나물을 한 입에 넣으면 맑은 참나물 향기가 입 안과 몸 안에 가득 채워지면서 마음도 차분해집니다. 베타카로틴이 풍부한 참나물은 대표적인 알칼리성 식품으로 부드럽고 소화가 잘되요. 또한 섬유질이 풍부하고 열량이 낮아 비만 방지에 효과적이고 안구건조증에 특히 효과가 있다고 해요.

PART.3

그녀의 건강을 챙겨주는 산후 다이어트 도시락

탄력을 잃고 축 처진 일명 '커튼살'! 임신 후 D라인은커녕 O라인으로 고생하는 수많은 여성들의 고민은 물만 마셔도 살이 찐다는 거죠. 육아 스트레스 때문에 일반 비만보다 살은 더 처지고 어쩌다 다이어트에 성공하더라도 다시 돌아오는 요요현상 때문에 몸 곳곳에 훈장처럼 새겨진 튼 살과 옷태를 좌우하는 복부 비만, 옆구리 살 때문에 마음고생들을 많이 하고 계실 거예요.

제가 요번 파트에서 제일 중점을 둔 것이 출산 후 비만관리입니다. 출산 후에는 신진대사가 원활하지 않아 모든 장기 기능이 저하됩니다. 이때는 규칙적인 운동과 식습관으로 생체리듬을 회복하는 것이 우선입니다. 영양소가 다 빠져나간 상태에서 살을 뺀다고 밥을 적게 먹거나 단식을 하게 되면 영양 불균형을 초래할 수 있으므로 균형 잡힌 식단을 잘 챙겨 먹는 것이 무엇보다 중요합니다.

산후 다이어트를 위해서는 고열량 음식을 피하고 영양소가 많은 채소와 과일, 김이나 다시마와 같은 해조류를 자주 섭취하는 것이 바람직합니다. 특히 튼 살을 방지하고 몸에 탄력을 줄 수 있도록 단백질과 콜라겐이 풍부한 음식을 많이 먹어야합니다. 무엇보다 중요한 것은 양념은 적고, 짜고 기름진 음식을 먹는 식성에서 벗어날 수 있도록 저염식 식단과 식이요법을 잘 활용하여 그녀들의 가장 큰 고민인 출산 후 비만에서 많은 분들이 탈출할 수 있기를 바랍니다.

보드라운 연두빛
완두콩밥과 곤약잡채

총 300kcal

재료(2인 기준 레시피)

- 완두콩밥 : 불린 쌀 2컵, 물 2컵, 데친 완두콩 한 줌
- 곤약잡채 : 곤약 80그램, 당근 조금, 풋고추 1개, 목이버섯 조금, 애느타리버섯 한 줌, 토판염 2꼬집, 들기름 1작은술, 현미유 1작은술, 마늘 1작은술
- 곤약 양념장 : 맛간장 2큰술, 조선간장 1큰술, 맛술 1큰술, 조청 1큰술, 마늘 1작은술
- 도시락에 함께 싸줄 밑반찬 : 메추리알 장조림, 계란말이, 방울토마토, 포도

이렇게 만들어요

1 목이버섯은 미지근한 물에 불려 채를 썰고 애느타리 버섯은 가닥가닥 찢어주세요. 곤약은 가늘게 채를 썰어 끓는 물에 한 번 데쳐 불순물을 빼주고 당근과 풋고추도 가늘게 채를 썰어 준비합니다.

2 데친 곤약은 분량의 양념을 넣고 소스가 자작해질 때까지 조려서 빈 볼에 담아주세요.

3 달구어진 후라이팬에 들기름, 현미유, 마늘 등을 각각 1작은술을 넣고 손질한 채를 썬 야채, 토판염 2꼬집을 넣고 센 불에서 1~2분 재빨리 볶아주세요.

4 숨이 적당히 죽은 야채에 2의 곤약을 넣고 서로 아우러지도록 섞어 마무리합니다.

5 완두콩밥 1개에 계란 1개(약 80그램)의 무게가 넘지 않도록 잡아서 양손에 물을 묻혀가면서 하트 모양이 되도록 살포시 모양을 잡아주고 밥이 마르지 않도록 랩으로 감싸 예쁘게 리본을 묶어주세요.

식이섬유가 풍부한 완두콩과 살이 찌지 않는 저칼로리 식품 곤약

콩깍지 안에 오르르 몰려있는 보드라운 연둣빛의 완두콩은 콩류 중 식이섬유가 가장 풍부하고 포만감을 주어 다이어트에 도움이 되요. 완두콩을 고를 때는 짙은 녹색을 띠고 탄력이 있는 것을 선택해주세요.

저칼로리 식품 곤약은 아무리 먹어도 살이 찌지 않을 뿐 아니라 위장에 체류하는 시간이 길어 포만감을 주고, 과식을 억제해주어 다이어트 식품으로 효과적이에요. 곤약만 먹으면 영양적으로 부족하지만 미네랄과 비타민이 풍부한 야채들과 함께 먹으면 다이어트에 효과적이에요.

미운 사람에게 주지 마세요
시금치마늘볶음덮밥

총 280kcal

재료(2인 기준 레시피)

- 현미밥 : 불린 쌀 반 컵, 불린 현미 1컵 반, 물 2컵
- 시금치마늘볶음 : 시금치 2줌, 알마늘 3개, 올리브유 1큰술, 토판염 2꼬집, 조선간장 1작은술, 통깨
- 도시락에 함께 싸줄 밑반찬 : 홍새우볶음, 곤약조림, 계란말이, 방울토마토

이렇게 만들어요

1 깨끗이 씻은 시금치는 끓는 물에 소금 1작은술을 넣고 살짝 데쳐 찬물에 미열이 남지 않도록 헹구어 줍니다.

2 물기를 꼭 짠 시금치는 먹기좋은 크기로 썰어줍니다.

3 씻어둔 알마늘은 먹기 좋은 크기로 얇게 썰어 준비합니다

4 달구어진 후라이팬에 올리브유 1큰술을 두르고 약한 불에서 마늘이 타지 않도록 마늘을 볶아줍니다.

5 마늘 향이 올라오면 2의 시금치와 토판염 2꼬집, 조선간장 1작은술을 넣고 2~3분 볶아 통깨를 뿌려 마무리합니다.

6 현미밥을 도시락 중앙에 넣고 가운데 홈을 파서 5의 시금치 마늘볶음이 들어갈 수 있도록 젓가락으로 공간을 만들어줍니다.

7 5의 시금치마늘볶음을 현미밥 중앙에 얌전하게 올리고 빈 공간에 밑반찬을 넣어 도시락을 완성합니다.

시금치마늘볶음을 넣기 전 깻잎을 깔아주면 좀 더 깔끔해져요.

피부에 좋은 베로카로틴이 풍부한 시금치

춥고 긴 겨울이 시작되기 전의 시금치는 영양 듬뿍, 식감 최고, 맛도 최고랍니다. 어린이의 성장 발육에 꼭 필요한 영양소가 고루 들어있는 시금치는 기름에 볶아 먹는 것이 좋아요. 시금치에 풍부한 베타카로틴은 기름에 볶으면 체내 흡수율을 높여주므로 질 좋은 올리브유로 볶아 그 효과를 극대화했어요.

아줌마 파마의 원조 브로콜리
브로콜리홍새우밥과 두부김치

위암 발생률을 낮춰주는 브로콜리

아줌마 파마를 한 작은 나무같이 찌리몽땅지만 아주 귀여운 모습의 브로콜리는 입 안에서 씹히는 맛이 마치 봄의 기운을 받고 수줍게 올라온 죽순 요리와 같은 느낌이에요. 녹색 색소 중에서도 영양가가 가장 높고 칼로리가 매우 낮아 다이어트에도 좋습니다. 또한, 브로콜리와 마늘을 꾸준히 먹으면 위암 발생률을 30%까지도 낮출 수 있다고 해요. 단, 삶을 때 10분 넘게 끓이면 모든 영양소가 파괴되므로 살짝 데쳐서 드세요.

재료(2인 기준 레시피)

- 브로콜리홍새우밥 : 홍새우 2큰술, 브로콜리 한 줌, 불린 쌀 2컵, 다시마 물 2컵, 들기름 1큰술
- 두부김치 : 단단한 부침두부 반 모, 신김치, 양파, 쪽파 각각 조금씩, 설탕 1작은술, 고추가루 1작은술, 마늘 1작은술, 맛술 1큰술, 현미유 1큰술, 녹말가루
- 도시락 밑반찬 : 고추장멸치볶음, 오이장아찌, 오렌지주스

이렇게 만들어요

1. 브로콜리는 끓는 물에 소금 1작은술을 넣고 살짝 데쳐 미열이 남지 않도록 찬물에 헹구어줍니다.

2. 데친 브로콜리는 먹기 좋은 크기로 듬성듬성 잘라 준비합니다.

3. 홍새우는 마른팬에 살짝 볶아 비린 맛을 날려주고 먹기 좋은 크기로 잘게 다져줍니다.

4. 빈 볼에 한김 식힌 밥 2/3공기, 2의 브로콜리와 3의 홍새우, 들기름 1큰술을 넣고 앞뒤로 뒤적여 섞어주세요.

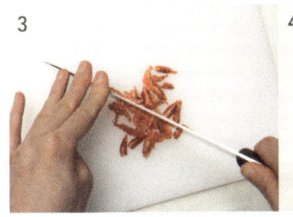

5. 양파는 가늘게 채 썰고 신김치는 물에 한 번 헹구어 물기를 꽉 짜서 먹기 좋은 크기로 송송 썰어주세요.

6. 달구어진 후라이팬에 현미유 1큰술을 두르고 5의 양파를 먼저 볶다가 김치, 설탕, 마늘, 고추가루를 넣고 볶아 불을 끄고 남은 미열로 쪽파를 살짝 곁들어 볶아내줍니다.

7. 두부는 한입 크기로 잘라 가운데 홈을 파서 토판염 2꼬집을 뿌려 밑간을 하고 키친타월로 여분의 수분을 제거합니다.

8. 7의 두부는 앞 뒤로 녹말가루를 묻혀 달구어진 후라이팬에 현미유 2큰술을 두르고 앞뒤로 노릇하게 부쳐줍니다.

둥근 수저를 이용해 가운데 부분에 볶음김치가 들어갈 수 있도록 홈을 파줍니다.

9. 노릇하고 바싹하게 구워진 두부 위에 6의 볶음김치를 올려 마무리합니다.

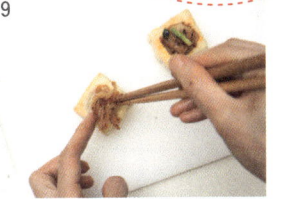

건조한 피부와 노화를 방지하는
연어데리야끼와 두부시금치스크램블덮밥

총 420kcal

재료(2인 기준 레시피)

- 연어데리야끼 : 구이용 연어 2토막, 토판염 2꼬집, 후추 약간, 딜(허브 종류)
- 데리야끼 소스 : 맛간장 2큰술, 조선간장 1큰술, 맛술 2큰술, 생강술 1큰술, 마늘 1작은술, 조청 1큰술
- 시금치스크램블 : 두부 조금(1/4모), 계란 1개, 시금치 조금, 현미유, 토판염 2꼬집, 우유 2큰술
- 도시락에 함께 싸줄 밑반찬 : 데친 연근, 볶은 꽈리고추와 당근, 황태장아찌

이렇게 만들어요

1 구이용 연어는 먹기 좋은 크기로 잘라 토판염 2꼬집, 후추를 약간 뿌려 살짝 밑간하고 녹말가루를 묻혀 달구어진 프라이팬에 현미유 1큰술을 두르고 앞뒤로 노릇하게 구워줍니다.

2 노릇하게 구워진 연어에 분량의 양념장을 붓고 자작하게 졸여줍니다.

3 빈 볼에 계란 1개, 토판염 2꼬집, 우유 2큰술을 넣고 거품기로 저어 잘 섞어줍니다.

4 두부는 칼등으로 듬섬듬섬 으깨어 주세요.

5 달구어진 프라이팬에 현미유 1큰술을 두르고 4의 두부와 토판염 2꼬집을 넣고 보슬보슬하게 볶아 두부의 수분을 날려줍니다.

6 보슬보슬하게 볶아진 두부에 3의 계란물과 데친 시금치 한 줌을 넣고 센 불에서 휘리릭~ 저어가면서 스크램블을 만들어주세요.

7 도시락에 밥을 넣고 가운데 홈을 파내어 만들어 둔 스크램블을 올려줍니다.

연어를 구울 때 딜을 곁들여주면 생선의 비린내와 잡내를 없애주고 향긋한 허브의 맛은 연어의 풍미를 더해줍니다.

생선 요리는 산성이기 때문에 알칼리성인 시금치나 야채를 곁들여 먹는 것이 좋습니다.

피부 노화를 예방해주는 연어

피부가 지나치게 건조한 사람들에게 뛰어난 효능이 있는 연어는 젊음을 되돌리는 비타민e가 풍부하게 들어있어 피부를 아름답게 유지하고 노화를 막아줍니다. 연어의 비타민a는 깻잎, 시금치, 파프리카 등의 베타카로틴이 풍부한 식품과 함께 먹으면 항산화 효과뿐 아니라 흡수율도 높일 수 있어요.

까만 콩은 밭에서 나는 흑진주
까만 콩밥과 두부데리야끼찹쌀구이

총 330kcal

골다공증을 억제하고 신장을 강화해주는 까만 콩

학창시절 엄마는 도시락 한쪽에 꼭 까만 콩이나 까만 콩밥을 자주 챙겨주셨어요. 블랙 푸드를 대표하는 까만 콩의 종류에는 서목태, 서리태, 흑태 등이 있어요. 검정색 식품은 생명 에너지의 원천으로 여성의 골다공증을 억제하고 몸속 수분을 관장하는 신장의 기능을 강화하고 몸 안의 독소를 없애준데요. 검은 색소인 안토시안과 카로틴 같은 성분의 항산화 작용이 혈액 순환을 도우며 항암 효과까지 있다고 해요.

재료(2인 기준 레시피)

- 까만 콩밥 : 불린 쌀 2컵, 물 2컵, 불린 검정콩 2큰술
- 두부데리야끼찹쌀구이 : 단단한 부침두부, 찹쌀가루, 현미유 2큰술, 김밥용 김, 토판염 2꼬집
- 양념장 : 맛간장 2큰술, 조선간장 1큰술, 맛술 2큰술, 조청 1큰술, 마늘 1작은술
- 도시락에 함께 싸줄 밑반찬 : 홍새우볶음, 연근조림, 생협 햄구이, 삶은 메추리알

이렇게 만들어요

1 부침용 두부는 도톰하게 썰어 토판염 2꼬집을 뿌려 밑간하여 키친타월로 물기를 제거해줍니다.

2 1의 두부를 찹쌀가루에 고루 묻혀 달구어진 후라이팬에 현미유 2큰술을 넉넉히 두르고 앞뒤로 노릇하게 구워줍니다.

3 분량의 양념장을 넣고 소스가 자작해질 때까지 졸여줍니다.

4 완성된 두부조림을 그냥 먹어도 좋지만 조금 멋을 부리고 싶을 땐 김밥용 김을 잘라 중앙에 띠를 말아줍니다.

5 완성된 4의 두부에 꼬치를 끼워주면 보기도 좋고 먹기도 편리해 도시락 반찬으로 좋습니다.

Tip 중성 지방 감소에 좋은 초콩 만들기

재료 : 서리태 400그램, 천연발효식초(감식초와 같은 천연양조식초) 1리터

1. 서리태 400그램을 물에 헹구어 불순물을 제거해주세요.
2. 체에 받쳐 물기를 빼고 달구어진 후라이팬 서리태를 넣고 여분의 수분을 완전히 날려줍니다.
3. 유리병에 콩과 식초를 담고 실온에서 보관합니다. (초콩의 보관 장소는 서늘하고 어두운 장소가 좋습니다)
4. 실온에서 일주일쯤 보관하다가 그 후에는 냉장고에 넣어두면 초콩이 완성됩니다.

초콩이 완성되면 식후마다 디저트 대용으로 식초의 물과 함께 한 스푼 가량(대략 콩 15알 정도)을 꾸준히 챙겨드시면 좋아요.

안심하고 먹는
닭안심살두부완자와 율무밥

총 340kcal

성인병과 피부 미용에 효과적인 율무
몸안의 독소를 빼주는 율무는 밥으로 만들어 먹으면 각종 성인병과 피부 미용에 매우 효과적이며 기미와 주근깨 예방에도 효과가 있어요. 꾸준히 계속 드시면 반드시 살이 빠지지만 아이들에게는 많이 먹이지 않는 것이 좋아요. 임산부의 경우 율무를 과용하면 유산의 우려가 있으니 조심해야 합니다.

재료(2인 기준 레시피)

- 율무밥 : 불린 율무 1컵, 불린 쌀 1컵, 물 2컵, 김밥김, 들기름 1큰술
- 닭안심살두부완자 : 단단한 두부 1/4모, 닭고기 안심 2조각, 파슬리 가루 1작은술, 토판염 1/2작은술, 후추, 마늘 1작은술, 생강술 1작은술, 녹말가루 1큰술, 계란물, 현미유 2큰술
- 도시락에 함께 싸줄 밑반찬 : 우엉채볶음, 곤약멸치볶음, 방울토마토, 심심한 미역국

이렇게 만들어요

1 두부는 곱게 으깨고 면포를 이용해 물기를 꽉 짜줍니다.

2 닭 안심살 2조각은 칼을 이용하여 잘게 다져서 준비합니다.

3 1과 2를 빈 볼에 넣고 녹말가루 1큰술, 파슬리 가루 약간, 토판염 1/2작은술, 후추 약간, 마늘 1작은술, 생강술 1작은술을 넣고 끈기가 생기도록 여러 번 치대어줍니다.

4 한입 크기로 둥글게 만들어 손가락으로 지긋이 눌러 완자 모양을 만들어줍니다.

5 계란물에 파슬리 가루를 조금 넣고, 달구어진 후라이팬에 현미유 2큰술을 두른 후 중간 불에서 4의 완자를 계란물에 묻혀 앞뒤로 노릇하게 지져내줍니다.

6 한 김 식힌 율무밥은 한 개에 계란 1개(약 80그램)의 무게가 넘지 않도록 랩으로 감싸줍니다.

7 6의 율무밥에 약간의 미열이 있을때 사각형 모양으로 잡아줍니다.

8 김밥용 김을 적당한 길이로 잘라 완성한 7의 율무밥 중앙에 감싸줍니다.

1

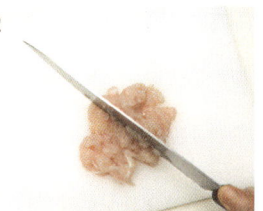
2

3
노른자 비율을 높이면 깔끔하고 색감 있게 부쳐집니다.

4

5

6
주먹밥 틀을 이용해도 좋아요.

7

8

Tip 닭고기의 용도별 부위별 요리

칼로리 낮은 가슴살과 안심살, 감칠맛이 나는 넓적다릿살, 사람들이 가장 좋아하는 다릿살, 피부미용에 좋은 닭날개, 술 안주로 좋은 모래주머니, 영양이 농축되어있는 닭간, 철분이 많은 영양식 닭염통, 발라먹는 재미가 쏠쏠한 닭발, 별미로 먹는 닭껍질 (대략 콩 15알 정도)을 꾸준히 챙겨드시면 됩니다.

골다공증 예방엔
홍합밥과 해산물 구운 야채버섯샐러드

총 340kcal

재료(2인 기준 레시피)

- 홍합밥 : 불린 쌀 2컵, 다시마물 2컵, 말린 홍합 30알 정도
- 해산물 구운 야채버섯샐러드 : 구이용 연어 1조각, 칵테일새우 3마리, 가지 조금, 애호박 조금, 양송이버섯 한줌, 백일송이버섯 한 줌, 새송이버섯 1개, 현미유, 토판염 2꼬집, 후추 약간
- 드레싱 소스 : 맛간장 2큰술, 토판염 1꼬집, 설탕 1작은술, 올리브유 1큰술, 발사믹초 1큰술, 마늘 1작은술
- 도시락에 함께 싸줄 밑반찬 : 계란말이, 곤약조림, 풋고추볶음, 아몬드 8알

이렇게 만들어요

1. 말린 홍합은 찬물에 30알 정도 담구어 불려주세요.
2. 돌솥에 불린 쌀과 찬물에 불린 홍합에 다시마물 2컵을 넣어 밥을 지어줍니다.
3. 완성된 3의 홍합밥에 들기름 1큰술을 넣고 앞뒤로 뒤적여 섞어줍니다.
4. 버섯은 갓 부분만 잘라서 손질하고 애호박과 가지는 2센티 간격으로 둥글게 썰어줍니다.
5. 달구어진 후라이팬에 현미유를 살짝 두르고 키친타올로 여분의 기름을 닦아내줍니다. 중간 불에서 버섯과 야채가 노릇해질 때까지 굽다가 토판염 2꼬집을 살짝 뿌려 밑간을 해줍니다.
6. 달구어진 후라이팬에 현미유를 살짝 두르고 칵테일새우와 구이용 연어는 토판염 2꼬집, 후추 약간 뿌려 밑간하고 앞뒤로 노릇하게 누워줍니다.

홍합을 불린 물을 밥물로 사용해도 좋습니다.

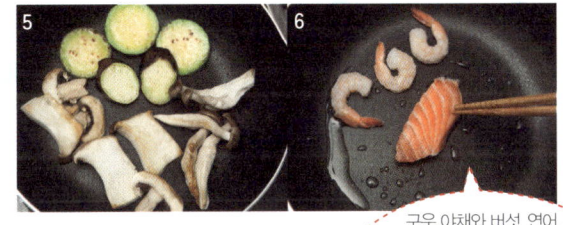

구운 야채와 버섯, 연어, 새우는 한 김 식힌 다음 도시락통에 넣어주고 먹기 전에 드레싱을 곁들여주면 수분이 나오지 않아요.

빈혈, 노화방지, 피부미용, 골다공증 예방에는 홍합이 최고!

볼그스름한 빛깔에 쫄깃쫄깃 씹히는 속살은 씹으면 씹을수록 단맛과 고소한 맛이 올라오는 오묘한 맛과 답답한 속을 뻥 뚫어주는 시원한 국물맛! 이게 바로 홍합을 찾는 이유가 아닐까요?

홍합의 효능 중 몇 가지는 신선한 생홍합보다는 햇볕에 잘 말린 홍합에 더 많이 들어있다고 합니다. 중국 사람들은 홍합을 동해부인이라고 부르면서 많이 먹으면 속살이 예뻐진다고 믿었대요. 여성들의 빈혈, 노화방지, 피부미용에 매우 좋으며 혈중 콜레스테롤 수치를 낮추고 갱년기 여성들에게 많은 골다공증까지 예방하고 뼈와 치아도 튼튼하게 해준다고 해요.

장 청소와 허리 둘레를 한 번에 줄여주는
다시마밥과 일식계란찜

총 280kcal

재료(2인 기준 레시피)

- 다시마밥 : 불린 쌀 2컵, 밥다시마 1큰술, 물 2컵, 들기름 1큰술, 김밥용 김
- 일식계란찜 : 계란 2개, 다시마물 1컵, 토판염 2꼬집, 까나리액젓 1작은술, 맛술 1큰술
- 도시락에 함께 싸줄 밑반찬 : 잔멸치볶음, 홍새우볶음, 방울토마토

 이렇게 만들어요

1 불린 쌀 2컵에 밥다시마를 1큰술 넣어 밥을 지어주세요.

2 완성된 다시마밥에 들기름 1큰술을 두르고 앞뒤로 뒤적여 고루 섞어 한 김 식혀주세요. 다시마 가루는 대형마트나 친환경 매장에서 살 수 있어요.

3 한 김 식힌 다시마밥은 약간 미지근할 때 둥글게 뭉쳐 주세요.

4 김밥용 김을 밥 크기에 맞추어 가위로 잘라 다시마밥에 감싸고 김의 끝부분은 물을 묻혀 붙여주세요.

5 중간 크기의 계란에 다시마물 한 컵, 토판염 2꼬집, 까나리액젓 1작은술을 넣고 거품기를 잘 저어 체에 한 번 걸러주세요.

6 계란 거품을 젓가락으로 제거해주어야 매끈하고 부들부들한 일식계란찜이 완성됩니다.

7 6의 계란물을 쿠킹호일로 감싸주고 젓가락으로 구멍을 내서 기포가 생기지 않도록 합니다. 끓는 물에 15분 정도 중탕으로 쪄줍니다.

8 속까지 잘 익었나 확인을 할 때는 젓가락으로 한 번 찔러보고 계란물이 묻지 않으면 완성입니다.

다시마 가루가 들어갈 경우 물의 비율은 밥숟가락으로 2큰술 정도 더 넣어줍니다.

그릇 가장자리에 생긴 계란 거품은 젓가락으로 톡톡 쳐주면 깔끔하게 제거됩니다.

칼슘이 풍부해 골다공증에 좋은 다시마

일반적으로 식물성 칼슘은 흡수율이 매우 낮은 편인데 유독 다시마는 멸치나 우유보다 더 많은 양의 칼슘이 들어 있어 여성의 골다공증 예방에 매우 효과적이에요. 밥을 지을 때 다시마 가루를 1큰술 넣어 드셔보세요. 다시마의 미끈거리는 성분이 바로 알긴산 장 속에서 콜레스테롤, 염분 등과 결합해 3~4일 후 반드시 변과 함께 배설되어 변비에도 좋답니다.

스마일한 하루를 위해
현미밥과 단호박당근조림

총 300kcal

재료(2인 기준 레시피)
- 현미밥 : 불린 쌀 1컵, 불린 현미 1컵, 물 2컵, 들기름 1큰술, 김밥용 김, 마요네즈
- 단호박당근조림 : 단호박 1/4쪽, 당근 1/2쪽, 현미유 1큰술
- 조림장 : 다시마물 1/2컵, 맛간장 3큰술, 조선간장 1큰술, 맛술 3큰술, 조청 1큰술, 마늘 1작은술
- 도시락에 함께 싸줄 밑반찬 : 계란말이 곤약조림, 방울토마토

이렇게 만들어요

1 한 김 식힌 현미밥은 들기름 1큰술을 두르고 앞뒤로 뒤적여 둥글게 뭉쳐줍니다.

2 들기름을 발라 둥글게 뭉쳐준 현미밥 크기에 맞추어 김밥용 김을 눈과 스마일한 입 모양으로 잘라줍니다.

3 둥글게 뭉쳐준 밥에 마요네즈를 살짝 발라줍니다.

4 3의 현미밥에 2의 눈과 입 모양을 핀셋을 이용하여 붙여줍니다.

5 깨끗이 씻은 단호박은 씨를 빼내고 한입 크기로 썰어주세요.

6 당근도 단호박과 같은 크기로 잘라주고, 씨를 빼내 한입 크기로 썰어준 단호박과 당근은 돌려깎기 해줍니다.

7 달구어진 냄비에 현미유 1큰술을 두르고 6의 당근과 단호박을 넣고 센 불에서 1~2분 살짝 볶아줍니다.

8 분량의 양념장을 넣고 중간 불에서 5분, 약한 불에서 5분 조려주세요. 단호박은 딱딱해보여도 열에 약하기 때문에 너무 오랜 시간 조려주면 모양이 다 부서질 수 있으니 조림시간을 꼭 지켜주세요.

밥이 완전히 식었을 때 김밥용 김을 붙여주어야 매끈하게 붙는답니다.

한 번 볶아두면 조려지면서 부서지지 않아요.

비타민 A가 풍부해 시력을 보호하고 야맹증을 막아주는 당근

당근 중에서는 수분이 풍부하고 고유의 풍미가 살아있는 제주당근이 단연 으뜸이죠. 비타민A가 풍부한 당근은 특히 눈의 피로감을 덜어주고 시력을 보호하며 야맹증을 막아줍니다. 종합 비타민을 많이 먹으면 비타민 중독증에 걸릴 수 있지만 당근과 같은 채소는 아무리 먹어도 탈이 없으니 많이많이 드시고 건강한 미인이 되세요.

총 380kcal

꿋꿋한 아름다움을 가진 "여백의 미"
연근스테이크와 포실포실 감자밥

재료(2인 기준 레시피)

- 감자밥 : 불린 쌀 2컵, 물 2컵, 감자 2개
- 연근스테이크 : 통연근 1개, 다진 소고기 100그램, 현미유 2큰술, 식초 1큰술, 녹말가루
- 고기양념 : 토판염 2꼬집, 후추 약간, 마늘 1작은술, 생강술 1작은술, 참기름 1작은술
- 조림장 : 맛간장 2큰술, 조선간장 1큰술, 맛술 3큰술, 조청 1큰술, 마늘 1작은술
- 도시락에 함께 싸줄 밑반찬 : 호두조림, 오이장아찌, 심심한 유부미역된장국, 방울토마토

이렇게 만들어요

1 감자는 한입 크기로 잘라 모서리 부분을 돌려깍기하고 찬물에 20분 정도 담구어 전분끼를 빼줍니다.

2 돌솥에 분량의 쌀과 물, 전분끼를 빼준 1의 감자를 넣고 밥을 지어주세요.

3 완성된 2의 감자밥은 감자가 부서지지 않도록 주걱으로 앞뒤로 뒤적여줍니다.

4 통연근은 감자 필러로 껍질을 벗기고 2센티 간격으로 자른 후 식초물에 담구어 살짝 데쳐내주세요.

5 빈 볼에 다진 소고기, 토판염 2꼬집, 후추 약간, 마늘 1작은술, 생강술 1작은술, 참기름 1작은술을 넣고 여러 번 치대어 고기 반죽을 만들어줍니다.

6 4의 연근에 5의 고기반죽을 연근 구멍에 넣고 젓가락으로 눌러가면서 속을 채워줍니다.

7 달구어진 후라이팬에 현미유 2큰술을 두르고, 6의 연근을 녹말가루를 고루 묻혀 앞뒤로 노릇하게 구워내줍니다.

8 분량의 양념장을 후라이팬에 붓고 와르르 끓어오를 때 7의 연근을 넣고 양념장이 자작해질 때까지 조려줍니다.

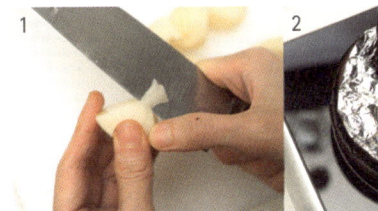

데친 연근은 모서리 부분을 홈을 파서 꽃 모양이 되도록 모양을 내줍니다.

풍부한 철분에 스트레스까지 줄여주는 연근

연근에는 철분이 풍부해서 체중조절을 하다보면 철분이 부족해지는 여성들에는 매우 좋은 음식이에요. 물론 빈혈이 있는 분이라면 남녀노소 누구에게나 좋겠죠. 그 외에도 연근에는 스트레스를 줄여주는 효능이 있어 심신 안정에도 도움이 된다고 해요.

배에 힘주고 싶은 날
채소말이밥과 버섯강회

총 230kcal

 재료(2인 기준 레시피)

- 채소말이밥 : 애호박 1개, 가지 1개, 들기름 1큰술, 통깨, 현미유, 토판염 2꼬집
- 버섯강회 : 쪽파 한 줌, 새송이버섯 2개, 애느타리버섯 한 줌
- 초고추장 : 고추장 2큰술, 고추가루 1큰술, 맛간장 1큰술, 식초 3큰술, 조청 2큰술, 맛술 1큰술, 참기름 1작은술, 마늘 1작은술, 다시마물 1큰술, 통깨
- 도시락에 함께 싸줄 밑반찬 : 콩자반, 어묵볶음

 이렇게 만들어요

1 통통한 가지보다는 가늘고 가지런한 가지를 구입해서 필러로 힘을 적당히 조절해주면서 얇게 슬라이스 해 줍니다.

2 애호박도 통통한 것보다 가늘고 가지런한 것으로 구입해서 1의 가지처럼 얇게 슬라이스 합니다.

3 달구어진 프라이팬에 현미유를 소량 두르고 여분의 기름은 키친타월로 닦아내줍니다. 얇게 슬라이스한 가지와 애호박을 중간 불에서 타지 않게 숨만 적당히 죽이고 토판염 2꼬집을 뿌려서 밑간 합니다.

4 갓 지은 밥은 한 김 식히고 토판염 2꼬집, 들기름 1큰술, 통깨를 넣고 앞뒤로 섞어줍니다.

5 야채말이밥은 밥의 양이 많으면 전체적으로 야채와 어우러지는 맛이 떨어질 수 있으니, 아주 소량으로 4의 밥을 쥐어 3의 구운 야채에 올려 말아줍니다.

6 끓는 물에 쪽파와 버섯의 갓 부분만 먹기 좋은 크기로 잘라 살짝 데친 후 체에 받쳐 물기를 빼주세요.

7 6의 버섯에 데친 쪽파를 단정하게 말아줍니다.

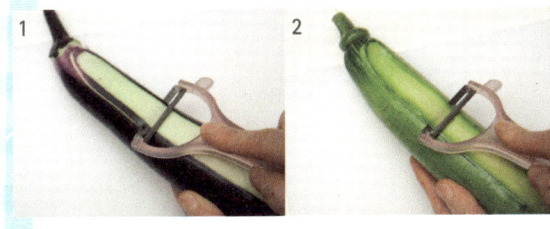

버섯강회에 곁들여 먹은 초장이 많이 남았을 경우 냉동 보관하면 6개월 정도까지는 맛있게 드실 수 있어요.

식이섬유가 풍부한 채소말이밥과 버섯강회

채소와 과일에 들어있는 풍부한 식이섬유는 천천히 소화되어 장시간 포만감을 주기 때문에 배고품을 덜 느끼게 합니다. 특별히 배에 힘주고 싶은 날이 있으세요. 채소말이밥과 버섯강회로 배에 힘 한 번 주면 어때요?

총 290kcal

쓸모 많은 오이로 만든
아삭한 오이김밥과 불고기두부샌드

수분이 풍부한 오이

수분이 풍부해 등산갈 때면 꼭 챙겨가는 오이는 얼굴에 붙여주면 주근깨를 없애주고, 피부를 희고 투명하게 만들어 예쁜 얼굴을 만들어준다고 해요. 오이의 수분은 이뇨작용을 왕성하게 해주고 무기질이 풍부해 갈증을 없애준답니다. 이렇게 쓸모 많은 오이 한 봉지 가득 사서 아삭하게 볶아먹고, 새콤달콤하게 무쳐 먹고, 시큼하게 소박이 담아 먹고, 구수한 쌈장에 찍어 먹고, 냉국에 말아 먹고, 먹다 남으면 심플하게 오이만 넣어 김밥으로 싸서 드셔보세요.

재료(2인 기준 레시피)

- 오이김밥 : 공기밥 1/3, 들기름 1큰술, 통깨, 토판염 2꼬집, 김밥용 김, 청오이 1개
- 불고기두부샌드 : 단단한 두부, 소고기 불고기감 100그램, 쪽파, 현미유 2큰술, 양파 조금
- 불고기 양념장 : 맛간장 2큰술, 조선간장 1작은술, 마늘 1/2작은술, 맛술 1큰술, 생강술 1큰술, 조청 1큰술, 참기름 1작은술
- 도시락에 함께 싸줄 밑반찬 : 비트 초절임, 잔멸치볶음, 연근조림, 데친 새우

이렇게 만들어요

1 청오이는 씨 부분만 도려내고 굵게 잘라서 토판염 1작은술을 뿌려 5분 정도 절여 찬물에 한 번 헹구어 물기를 빼줍니다.

2 한 김 식힌 밥에 토판염 2꼬집, 들기름 1큰술, 통깨를 넣고 앞뒤로 뒤적여주세요.

3 김밥 틀에 2의 밥을 ½ 정도 채우고 1의 오이를 넣은 후 나머지 밥을 채워 모양을 잡아줍니다.

4 김밥용 김을 반으로 잘라 3의 밥을 싸고 들기름을 얇게 발라서 김밥 겉면이 눅눅하지 않고 탄력이 생기도록 합니다.

5 불고기감을 키친타월로 2~3분 정도 싸 핏물을 빼주세요. 분량의 양념장을 넣고 10여 분 재워줍니다.

6 부침용 두부는 도톰하게 잘라 중간에 고기를 넣을 수 있도록 ½ 정도만 칼집을 넣어주세요.

7 6의 두부는 녹말가루를 고루 묻혀 여분의 가루를 털어 달구어진 프라이팬에 현미유 2큰술을 두르고 앞, 뒤, 옆으로 노릇하게 구워주세요.

8 쪽파와 양파를 먹기 좋은 크기로 자르고 달구어진 프라이팬에 현미유 1작은술을 두르고 양파와 5의 양념된 불고기를 넣고 센 불에서 재빨리 볶아 불을 끄고 쪽파를 넣어 남은 미열로 익혀줍니다.

9 7의 두부와 8의 고기를 한 김 식혀 구운 두부 속에 넣어주세요.

10 데친 쪽파로 묶어주면 완성입니다.

김밥에 들어갈 오이는 수분이 비교적 적은 청오이를 선택하는 것이 좋아요.

마트에 가면 이렇게 미니김밥용 김밥틀이 있어요.

밥을 꾹꾹 눌러서 넣는 것보다 손목에 힘을 빼고 넣어주어야 밥알이 뭉치지 않고 살아있어요.

총 360kcal

조금만 참아주세요!
곤약감자샐러드와 율무밥

제가 좋아하는 [카모메식당]과 [심야식당]의 메뉴는 딱 한 가지 밖에 없지만 손님이 원하면 가능한 만들어주는 영화와 드라마에 나오는 식당이죠. 심야가 되면 이상하게 출출해지는데, 라면이라도 끓여 먹고 싶다면 조금만 참아주세요. 시간이 걸리더라도 감자 삶는 구수한 냄새를 즐겨보는 것은 어떠세요? 만약 다이어트 중이라면 포실거리는 감자샐러드는 어떨까요?

재료(2인 기준 레시피)

- 율무밥 : 불린 쌀 1컵, 불린 율무 1컵, 물 2컵
- 곤약감자샐러드 : 곤약 조금, 삶은 감자 2개, 청오이 1/3, 통아몬드, 삶은 메추리알 3개, 마요네즈 2큰술, 토판염 2꼬집, 후추 조금, 꿀 조금
- 도시락에 함께 싸줄 밑반찬 : 고추장멸치, 미역줄기볶음

이렇게 만들어요

1 감자 20분 삶고 메추리알 8분 정도 삶아서 뜨거울 때 수저나 주방도구를 이용해 큼직큼직하게 으깨어줍니다.

2 청오이는 얇팍하게 썰어서 토판염 1/2작은술을 넣고 5분 정도 간간하게 절여 면포로 물기를 꽉 짜서 준비해주세요.

3 곤약은 달걀 1개 무게만큼의 양만 채썰어 끓는 물에 데친 후 체에 밭쳐 물기를 빼줍니다.

4 아몬드는 씹는 맛이 있도록 듬성듬성 칼로 잘라줍니다.

5 빈 볼에 1, 2, 3, 4의 재료를 모두 넣고 마요네즈 2큰술, 토판염 2꼬집, 후추를 약간 넣고 꿀을 약간 넣어 앞뒤로 뒤적여 고루 섞어주세요.
필요에 따라 포만감 있게 먹고 싶으면 곤약의 양을 늘려주되, 아무리 칼로리가 낮다고 하더라도 포식하는 것은 좋지 않으니 항상 조심합니다.

감자는 껍질을 벗기고 주방용 비닐팩에 넣고 2~3분 정도 전자렌지에 돌려서 쪄주어도 포실한 감자 맛을 볼 수 있어요.

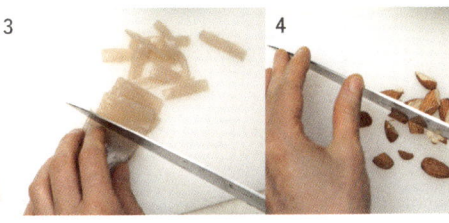

Tip
- **정제된 탄수화물** : 정제된 탄수화물을 섭취하면 체내에 주요 에너지원인 포도당의 혈액 내 농도(혈당)가 급격히 상승합니다. 그러면 우리 몸은 혈당을 낮추기 위해서 인슐린을 빠르게 분비하여 포도당을 지방세포로 밀어 넣는데, 이때 많은 양의 인슐린을 분비하여 지방 축적이 증가한다고 해요.
- **포화지방과 트랜스지방(마가린, 식물성 쇼트닝)** : 포화지방과 트랜스지방은 내장지방, 중성지방 수치를 올리고 혈관에 노폐물이 쌓여 혈관을 살찌우는 동맥경화성 질환을 일으키는 주범이라 주의해야 합니다.
- **짠 음식** : 소금을 하루 5그램 이상 섭취하면 우리 몸이 조직 내에 수분을 고이게 하고 염분을 희석시키려 합니다. 이런 상황은 뱃살이 찌는 것은 물론 셀룰라이트까지 악화시키는 결과를 낳습니다.

향기로운 산초잎에 취해보세요!
산초잎현미밥과 우거지콩비지

총 310kcal

눈의 피로를 풀어주고 냉증이나 피로하기 쉬운 체질에 좋은 산초 잎

산초 달인 물을 마시면 두통과 기침을 멈추게 한대요. 한약재로 쓰이는 산초 잎은 눈을 맑게 해주고, 몸이 허약할 때 나타나는 이명에도 좋아요. 산초나무의 잎과 열매에는 특유의 향이 있어 산초고추장, 산초장아찌를 비롯하여 산초된장, 산초잎된장국, 산초잎장떡 등 각종 요리에 사용하면 특별한 맛을 내는 채식을 주로 하는 사찰의 정진요리에 사용된다고 하네요.

재료(2인 기준 레시피)

- 산초잎현미밥 : 불린 쌀 1컵, 불린 현미 1컵, 산초잎, 물 2컵
- 우거지콩비지 : 다시마육수 1컵, 콩비지 1컵, 얼갈이배추 한 줌, 표고버섯 1개, 청량고추 1개, 파 조금, 마늘 1작은술, 들기름 1큰술, 새우젓 1작은술, 토판염 2꼬집
- 도시락에 함께 싸줄 밑반찬 : 잔멸치, 호두조림, 계란말이, 데친 새우

이렇게 만들어요

1 갓 지은 현미밥은 들기름 1작은술을 넣고 앞뒤로 고루 섞어 한 김 식혀주고 밥이 따뜻할 때 둥글게 뭉쳐주세요.

2 1의 현미밥에 깨끗하게 씻은 산초잎을 살짝 올려줍니다.

3 산초나무 잎이 다치지 않게 랩으로 살포시 감싸줍니다.

4 말린 표고버섯은 미지근한 물에 20분 정도 불려 먹기 좋은 크기로 채썰어줍니다.

5 얼갈이 배추는 끓는 물에 소금 1작은술을 넣고 살짝 데쳐 찬물에 헹구어 물기를 짜고 먹기 좋은 크기로 썰어줍니다.

6 빈 볼에 토판염 2꼬집, 마늘 1작은술, 새우젓 1작술을 넣고 조물조물 무쳐서 밑간을 해줍니다.

7 다시마 육수 1컵과 표고버섯 우린 물 반 컵을 냄비에 붓고, 끓기 시작하면 콩비지 반 컵, 5의 우거지, 3의 표고버섯을 넣고 중간 불에서 뭉근히 끓여줍니다. 마지막에 청량고추, 대파, 들기름 1큰술을 넣고 모자라는 간은 토판염을 조금 더 넣어주면 됩니다.

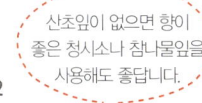

산초잎이 없으면 향이 좋은 청시소나 참나물잎을 사용해도 좋답니다.

불린 표고버섯물은 버리지 말고 육수로 사용합니다.

Tip 봄에 막 나온 산초잎은 향이 좋아 여린 잎을 고추장에 박아놓으면 고추장에서 향긋한 산초 향을 느낄 수 있어 고급스런 양념장이 된답니다.

일본을 대표하는 가정식 요리
니꾸자가와 현미밥

총 390kcal

재료(2인 기준 레시피)

- 현미밥 : 불린 쌀 1컵, 불린 현미 1컵, 물 2컵
- 소고기 감자조림 : 감자 2개, 소고기 불고기감 100그램, 양파 1/4쪽, 다시마물 1/2컵
- 양념장 : 맛간장 3큰술, 조선간장 1큰술, 맛술 2큰술, 조청 1큰술, 참기름 1작은술, 마늘 1작은술
- 소고기 밑간 : 배즙 2큰술, 생강술 1큰술, 토판염 2꼬집, 후추 약간
- 도시락에 함께 싸줄 밑반찬 : 계란말이, 구은 버섯, 홍새우볶음

이렇게 만들어요

1 감자는 먹기 좋은 크기로 깍둑썰어 모서리 부분을 돌려깎기 하고 찬물에 20분쯤 담구어 감자의 전분 끼를 제거해줍니다. 물기를 제거한 감자를 내열 용기에 넣고 랩을 씌워 젓가락으로 구멍 1~2개를 내고 2분 30초 정도 살짝 익혀줍니다.

2 빈 볼에 소고기 불고기감, 채썬 양파, 마늘 1작은술, 소금 2꼬집, 후추 약간, 생강술, 배즙을 넣고 조물조물 주물러 밑간을 해둡니다.

3 달구어진 냄비에 현미유를 조금 두르고, 2의 밑간한 고기를 넣고 센 불에서 육즙이 빠져나오지 않도록 재빨리 볶아줍니다.

4 1의 감자와 다시마물을 부어줍니다.

5 분량의 양념장을 넣고 양념장이 감자에 스며들어 자작해질 때까지 약한 불로 뚜껑을 닫고 15분간 낮추어가면서 조려줍니다.

돼지 불고기 감을 사용해도 좋아요.

곤약을 채썰어 함께 조려주셔도 좋습니다.

엄마의 손맛이 그대로 느껴지는 니꾸자가

니꾸(고기)자가(감자)라는 일본 가정 요리의 대표적인 메인 요리가 있어요. 감자에 고기를 넣고 조린 것인데, 엄마의 손맛을 그대로 느낄 수 있어 가족 누구나 좋아하기 때문에 언제든 밥상 위에 올라오면 반가워하는 요리에요. 일본 남자들은 결혼 상대자를 고를 때 필수 조건으로 챙기는 것 중에 하나가 미소시루(된장국)를 맛있게 끓이는 것과 그 다음은 니꾸자가를 잘하는 여성을 "최고의 신부감" 이라고 부를 만큼 일본 여성이라면 반드시 만들 줄 알아야하는 요리입니다.

다리가 10개, 나는 오징어다
오징어꽈리고추조림과 흑미밥

총 350kcal

재료(2인 기준 레시피)

- 흑미밥 : 불린 쌀 2컵, 흑미 1큰술, 물 2컵, 들기름 1큰술, 쌈 야채
- 오징어꽈리고추조림 : 오징어 1마리, 꽈리고추 5~6개, 검정깨, 토판염 2꼬집
- 조림장 : 맛간장 3큰술, 조선간장 1큰술, 다시마물 2큰술, 맛술 1큰술, 생강술 1큰술, 마늘 1작은술, 조청 1큰술, 토판염 1꼬집
- 도시락에 함께 싸줄 밑반찬 : 연근조림, 우엉조림, 비트무채, 계란말이, 심심한 유부된장국

이렇게 만들어요

1 흑미밥을 할 때는 쌀의 비율이 매우 중요합니다. 쌀 1컵에 흑미 1큰술 정도를 섞어 흑미밥을 한 후 한 김 식힌 흑미밥은 들기름 1큰술을 두르고 고루 섞어 한입 크기로 둥글게 만들어줍니다.

2 계절에 나는 신선한 야채를 구입하여 흐르는 물에 깨끗이 씻어 키친타올로 물기를 완전히 제거해 1의 밥을 살포시 감싸줍니다.

3 오징어 몸통 속의 내장을 제거하여 2센티 간격의 링 모양으로 썰어줍니다.

4 꽈리고추는 이쑤시개로 구멍을 내주면 양념이 잘 스며들어 맛도 좋아집니다.

5 달구어진 프라이팬에 현미유를 두르고 꽈리꼬추, 토판염 2꼬집을 넣고 센 불에서 1~2분 재빨리 볶아줍니다.

6 분량의 양념장을 넣고 와르르 끓어오를 때 3의 오징어를 넣고 2~3분 조려줍니다.

너무 욕심을 부려 흑미의 비율이 많으면 너무 검게 변해버린 밥에 식욕이 떨어질 수 있으니 조심합니다.

쌈 야채는 무엇이든 다 좋습니다.

오징어는 너무 오랫동안 조려주면 질겨질 수 있으니 조심합니다.

Tip 오징어는 수족관에서 보통 하루살이라고 보면 됩니다. 수족관에서 하루 이상을 잘 버티질 못하죠. 오징어는 시간이 지날수록 다리와 지느러미의 껍질이 벗겨진대요. 싱싱한 오징어를 고를 땐 짙은 갈색을 띠고 활발하게 움직이고 있는 것을 선택하는 것이 좋겠어요.

고단백질이 풍부해 뇌세포 형성에 도움을 주는 오징어

오징어에는 소고기의 16배, 우유의 47배나 되는 우수한 타우린과 고단백질이 풍부해 뇌세포 형성에 도움을 주고 혈액순환을 원활하게 해주며 우수한 뇌세포를 만든다고 합니다. 또한 인슐린의 분비를 촉진해 당뇨병을 예방하고 시력 회복과 근육의 피로 회복에 효력이 있기도 합니다.

반짝반짝 금가루를 뿌려놓은
5분 완성!! 계란볶음밥과 수란

총 430kcal

간단히 완성하는 근사한 한 끼 한 그릇 요리

밥에 갖은 재료를 곁들여 볶아 먹는 볶음밥은 누가 언제부터 해먹었는지 갑자기 궁금해졌어요. 무엇을 넣고 볶아도 마지막에 계란만 넉넉히 넣어주면 누가 만들어도 맛있는 계란볶음밥을 누군가는 "반짝반짝 빛나는 금가루를 뿌려 놓은 것" 같아서 생긴 이름이라고 합니다. 바쁜 아침에 계란과 찬밥만 있으면 간단히 완성할 수 있는 근사한 한 끼 한 그릇 요리입니다. 5분의 여유가 더 있다면 자투리 야채를 잘게 다져 넣어주면 웬만한 중국집 볶음밥보다 훨씬 맛있는 계란볶음밥이 완성됩니다.

재료(2인 기준 레시피)

- 계란볶음밥 : 식은 밥 1/3공기, 계란 2개, 피망 다진 것 1큰술, 양파 다진 것 1큰술, 무장아찌 다진 것 1큰술, 잔멸치 1큰술, 토판염 2꼬집, 맛술 1큰술, 까나리액젓 1작은술, 현미유 1큰술, 들기름 1큰술
- 수란 : 계란 1개, 토판염 1꼬집, 들기름
- 도시락에 함께 싸줄 밑반찬 : 오이볶음, 야채피클, 구운 버섯, 구운 새우, 우엉채볶음

이렇게 만들어요

1 피망과 양파 무장아찌는 잘게 다져줍니다.

2 빈 볼에 찬밥, 계란 2개, 토판염 2꼬집, 까나리액젓 1작은술, 맛술 1큰술을 넣어줍니다.

3 1의 다진 야채를 넣고 서로 잘 섞이도록 젓가락으로 저어줍니다.

4 달구어진 프라이팬에 현미유 1큰술과 들기름 1큰술을 두르고 3의 밥을 부어 센 불에서 스크램블 하듯이 계속 저어줍니다. 2분 정도 지나면 밥이 고슬고슬하게 됩니다.

5 잔 멸치 한 줌을 전자렌지에 30초 정도 돌려 수분을 살짝 날려 바삭하게 구워줍니다. 완성된 4의 밥 위에 잔멸치를 뿌려줍니다.

6 주방의 국자나 간장종지 같은 도구가 있으면 붓으로 참기름을 살짝 발라줍니다.

7 6의 기름을 바른 종지에 계란 1개를 노른자가 터지지 않게 조심스럽게 깨서 넣고, 토판염 1꼬집을 살짝 뿌려줍니다.

8 냄비에 물을 붓고 끓기 시작하면 7의 계란을 올려놓고 아주 약한 불에서 반숙은 8분, 완숙은 12분으로 시간을 나누어 중탕으로 익힙니다.

9 완성된 볶음밥을 도시락통에 넣고 중앙에 흠을 파 수란이 움직이지 않도록 조심스럽게 올려줍니다.

냉장고 짜투리 야채를 이용하면 좋습니다.

기호에 맞게 가츠오부시 가루를 곁들여 드셔도 좋습니다.

계란후라이에 들어가는 기름의 압박을 느낀다면 수란을 만들어 곁들여 드세요.

PART.4

그의 뱃살 빼는 다이어트 도시락

하루하루 늘어가는 남편의 뱃살은 부인들의 커다란 고민거리지요. 뱃살과 함께 늘어가는 성인병은 남편의 건강과 생명을 위협합니다. 나온 배가 "인격"이라고 주장하던 것은 옛말입니다. 임신도 아닌데 나날이 불러오는 "공포의 똥배"가 우리나라 40~50대의 골칫거리가 되고 있죠. 뱃살 빼기에 효과가 좋은 방법이 없을까 고민하지 마세요. 당근정말시러만의 친환경 도시락으로 당신의 뱃살을 해결해드릴게요. 배 나오는 남성들의 고민을 덜어드리기 위해 300~400 칼로리 수준의 남성들을 위한 다이어트 도시락을 준비해보았어요. 한 끼 식사로 영양도 부족하지 않고, 다이어트까지 할 수 있는 그의 뱃살 빼는 도시락을 공개합니다.

도시락에 담긴 양만큼만 열심히 먹다보면 어느 새 자신의 체중이 줄어가는 것을 느낄 수 있을 거예요. 제가 아는 분은 늘어가는 뱃살이 걱정되어 저녁 자기 전에 윗몸 일으키기를 하루에 백 개씩 하기 시작했는데, 지금은 아침저녁으로 하루 120개씩 한다고 해요. 이렇게 3개월을 꾸준히 했더니 뱃살이 들어가기 시작했다고 하네요. 여러분도 다이어트 도시락을 성실히 먹으면서 윗몸 일으키기 하루 백 개씩 3개월 동안 꾸준히 하루도 빼먹지 않고 하기에 도전해보면 어떨까요?

소박하고 애틋한 한 그릇
소고기콩나물밥

총 380kcal

재료(2인 기준 레시피)

- 소고기콩나물밥 : 다진 소고기 100그램, 콩나물 2줌, 다시마물 2컵, 씻은 쌀 2컵
- 소고기 양념장 : 맛간장 1큰술, 조선간장 1작은술, 참기름 1작은술, 맛술 1큰술, 조청 1작은술, 생강즙 1작은술, 마늘 1작은술
- 양념장 : 맛간장 2큰술, 다시마물 1큰술, 조선간장 1작은술, 참기름 1큰술, 마늘 1작은술, 청고추 홍고추 조금씩, 통깨 조금
- 도시락에 함께 싸줄 밑반찬 : 볶은 당근, 데친 브로콜리, 방울토마토, 심심한 두부버섯국

이렇게 만들어요

1 다시마는 마른 행주로 깨끗이 닦아 찬물에 반나절 담구어 다시마물을 우려냅니다.

2 분량의 콩나물은 깨끗이 씻어 체에 받쳐 물기를 빼서 준비합니다. 콩나물을 구입하여 봉지째 냉장 보관하면 금방 물러져서 요리를 할 때 비린내가 심하게 납니다. 빈 용기에 콩나물이 잠길 정도로 물을 부어 냉장 보관하면 일주일 정도는 아삭거리고 싱싱한 콩나물을 드실 수 있어요.

3 달구어진 프라이팬에 현미유를 조금 두르고 다진 소고기를 보슬보슬하게 볶아주다가 분량의 양장을 넣고 양념장이 자작해질 때까지 볶아줍니다.

4 냄비에 씻어놓은 쌀을 넣은 후 분량의 다시마물을 붓고 콩나물 2줌, 볶은 소고기 3큰술를 넣어줍니다.

5 밥물이 넘치지 않도록 쿠킹호일로 감싸고 젓가락으로 4~5개의 구멍을 내줍니다.

6 밥이 끓기 시작하면 센 불에서 2~3분 끓이다가 호일 뚜껑을 열어줍니다. 밥물이 사작하게 줄어들 때 10~12분 정도 아주 약한 불에시 뜸을 들입니다.

빈 용기에 담아 냉장고에 넣고 모든 요리에 이용하면 됩니다.

콩나물밥을 할 때는 콩나물에서 나오는 수분의 양을 생각하여 밥수저로 2큰술 정도 줄여주면 됩니다.

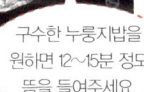

구수한 누룽지밥을 원하면 12~15분 정도 뜸을 들여주세요.

다이어트 및 변비 개선

콩나물에는 노폐물을 제거해주는 식물섬유가 풍부해 변비도 막아주고 지질의 대사를 촉진시켜 다이어트에도 도움이 된답니다. 또한 비타민과 철분이 풍부해 피로 회복과 빈혈 예방에도 도움이 되요. 콩나물을 요리할 때 영양 손실을 최소화하려면 물에 삶아 국으로 먹는 것보다 밥에 쪄서 먹는 방법과 기름에 살짝 볶아 먹으면 영양 손실을 줄일 수 있어요.

비단같이 보드라운 맛
뽕잎밥과 연근호박전

총 410kcal

고지혈증과 동맥경화를 막아주는 뽕잎

뽕잎은 칼륨을 풍부하게 함유하고 있어 염분이 혈액으로 들어가는 것을 막아줄 뿐 아니라, 혈액 속에 지방이 필요 이상으로 많아지는 고지혈증과 혈관벽의 동맥경화를 예방해주어 혈관을 튼튼하게 해주고 혈압도 안정시켜줍니다. 당뇨병과 성인병 예방에 좋고, 다이어트에도 좋은 뽕잎으로 비단처럼 곱고 따스한 맛의 뽕잎밥을 만들어보세요.

재료(2인 기준 레시피)

- 뽕잎밥 : 불린 쌀 2컵, 물 2컵, 산뽕잎 50그램(불려서 씻은 뽕잎 밥그릇에 꽉꽉 눌러서 한 공기 정도)
- 나물양념장 : 맛간장 2큰술, 조선간장 1작은술, 마늘 1작은술, 조청 1작은술, 들기름 1큰술, 통깨, 토판염 2꼬집
- 연근호박전 : 통연근, 애호박, 청양고추, 녹말가루, 계란물, 토판염 2꼬집, 현미유 넉넉히, 식초 1큰술
- 도시락에 함께 싸줄 밑반찬 : 소고기장조림, 비트 무초절임

이렇게 만들어요

1 들기름 1큰술에 마늘 1작은술을 넣고 약한 불에서 마늘이 타지 않도록 마늘 향을 내줍니다.

2 손질한 뽕잎은 1의 프라이팬에 넣고 중간 불에서 토판염 2꼬집을 넣어 3분 정도 볶아줍니다.

3 어느 정도 볶아진 산뽕잎에 분량의 양념장을 넣고 양념장이 자작해질 때까지 볶아줍니다.

4 한 김 식힌 밥에 3의 뽕잎나물을 2~3큰술 정도 넣고 들기름 1작은술, 통깨 약간을 넣어 나물과 밥이 어우러지도록 섞어줍니다.

5 전의 느끼한 맛을 잡아줄 청양고추는 연근 구멍에 넣을 수 있도록 씨를 제거하고 썰어줍니다.

6 연근은 깨끗이 씻어 껍질을 벗기고 2~3센티 간격으로 썰어 끓는 물에 식초 1큰술을 넣고 데쳐 찬물에 헹구어줍니다. 물기를 뺀 연근 구멍에 5의 청양고추를 넣어줍니다.

7 애호박은 연근과 비슷한 굵기로 썰어서 토판염 2꼬집을 뿌려서 밑간을 합니다.

8 6의 연근과 7의 애호박에 녹말가루를 얇게 묻히고 계란물을 입혀 중간 불에서 앞뒤로 노릇하게 부쳐줍니다.

뽕잎은 찬물에 1시간 정도 담구어 4~5번 깨끗이 씻어 물기를 꽉 짜줍니다.

피망, 파프리카, 홍고추 모두 가능합니다.

10분 정도 지나 호박에서 몽글몽글 수분이 올라오면 키친타월로 수분을 제거해줍니다.

스풍~ 소리나는
두부가지말이조림과 현미율무밥

총 420kcal

재료(2인 기준 레시피)

- 현미율무밥 : 불린 쌀 1컵, 불린 현미 1컵, 물 2컵
- 두부가지말이조림 : 단단한 두부 1/3모, 가지, 쪽파
- 조림장 : 다시마물 2큰술, 맛간장 2큰술, 조선간장 1작은술, 마늘 1작은술, 맛술 1큰술, 조청 1큰술
- 도시락에 함께 싸줄 밑반찬 : 데친 새우, 홍합조림, 땅콩조림, 호두조림, 계란말이, 심심한 미역된장국

이렇게 만들어요

1 가늘고 가지런한 가지를 구입하여 필러로 얇게 슬라이스 해줍니다.

2 부침용 단단한 두부는 한입 크기로 썰어 키친타올로 수분을 제거하고 토판염 2꼬집으로 밑간을 해 줍니다.

3 2의 밑간 해놓은 두부 한 개당 가지 2장을 서로 겹쳐지게 돌돌돌 말아줍니다.

4 쪽파는 끓는 물에 살짝 데쳐 찬물에 헹구어 3의 가지를 말은 두부에 묶어줍니다.

5 분량의 조림장을 프라이팬에 붓고 와르르 끓여줍니다.

6 조리장이 끓기 시작하면 4의 두부가지를 넣고 중간 불에서 양념장을 끼얹어 가면서 소스가 자작해질 때까지 조려줍니다.

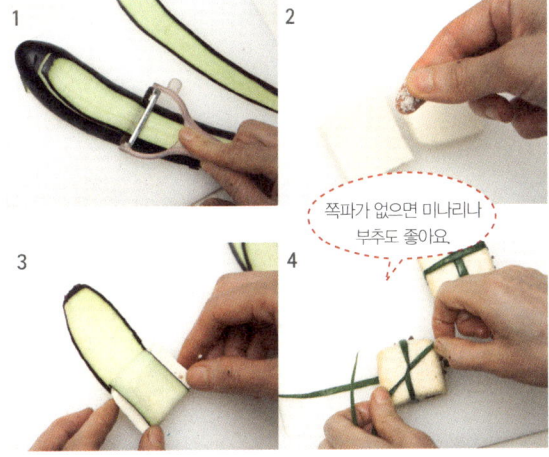

쪽파가 없으면 미나리나 부추도 좋아요.

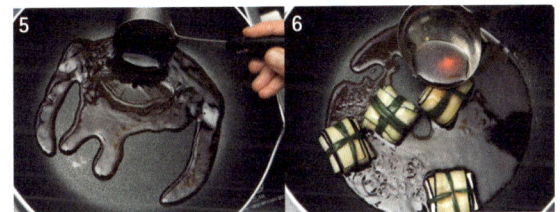

단백질이 풍부한 두부와 보라색 가지의 담백한 소합

단백질이 풍부한 두부는 열량이 낮고 포화지방 함량이 낮아 다이어트 음식으로 좋은 요리예요. 또한 두부에 담긴 단백질과 비타민은 노화를 막는데도 도움이 된다고 하네요. 두부를 요리할 때 부족하기 쉬운 비타민을 가지를 이용하여 서로 보충해 주었어요.

외롭고 쓸쓸한
어묵잡채와 다시마밥

총 400kcal

어렵지 않아요 간단 잡채 만들기
잡채를 어렵게들 생각하는데 그냥 야채볶음은 외롭고 쓸쓸해 보이니깐 놀고있는 당면을 불려서 같이 볶는다고 생각하면 되요. 너무 간단하죠. 생각보다 간단한 잡채를 만들어 손님상에 내놓으면 먹는 사람은 항상 대접받는 느낌이 들죠. 오늘은 도시락 반찬에 빠질 수 없는 어묵을 듬뿍 넣어 어묵잡채를 만들까해요.

📏 **재료(2인 기준 레시피)**

- 다시마밥 : 불린 쌀 2컵, 물 2컵, 밥다시마 1큰술, 김밥용 김, 들기름
- 어묵잡채 : 당면 한 줌, 사각어묵 2장, 당근, 피망, 양파, 목이버섯, 현미유 1큰술, 토판염 2꼬집
- 양념장 : 맛간장 2큰술, 조선간장 1작은술, 맛술 1큰술, 마늘 1작은술, 조청 2큰술, 참기름 조금, 후추 조금
- 도시락에 함께 싸줄 밑반찬 : 데친 브로콜리, 데친 껍질콩, 데친 아스파라거스

 이렇게 만들어요

1 갓 지은 다시마밥은 한 김 식혀 들기름 1큰술을 넣고 둥글게 모양을 만들어 밥이 마르지 않도록 랩으로 말아 모양을 한 번 더 잡아줍니다.

2 다시마밥을 감싸줄 김을 밥 지름의 2/3 정도의 길이로 잘라줍니다.

3 다시마밥의 랩을 벗기고 잘라둔 김을 붙여줍니다.

4 당면 한 줌을 미지근한 물에 20~30분 불려줍니다.

5 피망, 당근, 양파, 어묵은 가늘게 채썰어줍니다. 목이버섯은 10여 분간 충분히 불려 이물질이 없도록 깨끗이 씻어 채 썰어줍니다.

6 달구어진 프라이팬에 현미유 1큰술을 두르고 5의 채썬 야채와 토판염 2꼬집을 넣고 센 불에서 숨이 살짝만 죽을 정도만 볶아줍니다.

7 7의 야채를 볶은 팬에 참기름 1큰술, 어묵, 목이버섯, 4의 당면을 넣고 살짝 볶아줍니다.

8 당면의 숨이 살짝 죽었을 때 분량의 양념장을 넣고 중간 불에서 재빨리 볶아 불을 끕니다. 그리고 6의 야채를 넣고 남아있는 미열로 서로 어우러지도록 섞어줍니다.

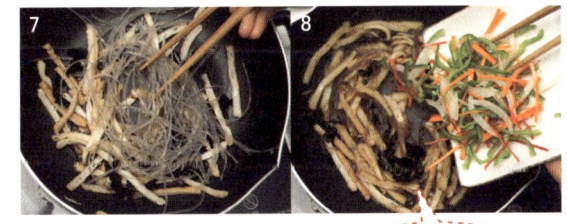

어묵잡채는 어묵이 주연이기 때문에 당면의 양보다 어묵의 양을 많이 해주셔야 밥반찬으로 먹기 좋아요.

건강하게 먹는
우엉불고기와 율무밥

총 380kcal

재료(2인 기준 레시피)

- 율무밥 : 불린 쌀 1컵 반, 불린 율무 반 컵, 물 2컵.
- 우엉불고기 : 우엉 조금, 불고기감 소고기 200그램, 현미유 1큰술, 양파, 청·홍고추 조금
- 불고기 양념장 : 맛간장 2큰술, 조선간장 1작은술, 맛술 1큰술, 생강술 1큰술, 배즙 2큰술, 조청 1큰술, 참기름 1큰술, 후추 조금
- 도시락에 함께 싸줄 밑반찬 : 잔멸치볶음, 오이볶음

이렇게 만들어요

1 우엉은 껍질을 벗기고 깨끗이 씻어 어슷하게 썰어주고, 끓는 물에 식초 1큰술을 넣고 데쳐 찬물에 헹구어 물기를 빼줍니다.

2 양파는 먹기 좋은 크기로 채를 썰고 청고추와 홍고추는 씨를 빼고 가늘게 채를 썰어 준비합니다.

3 불고기는 분량의 양념장을 넣고 조물조물 무쳐서 데쳐서 물기를 빼준 우엉과 채를 썰어준 양파를 넣고 함께 버무립니다.

4 달구어진 프라이팬에 현미유 1작은술을 두르고 3의 불고기를 넣고 센 불에서 볶아줍니다.

5 마지막에 참기름 약간과 채를 썬 청고추와 홍고추를 넣고 마무리해줍니다.

6 한 김 식힌 율무밥에 들기름을 1큰술 넣고 섞어줍니다. 랩으로 말아 사각형 모양을 잡아주세요. 중앙에 우엉 불고기가 들어가도록 움푹하게 홈을 파줍니다.

7 6의 율무밥의 랩을 벗기고 5의 우엉불고기를 올려서 완성합니다.

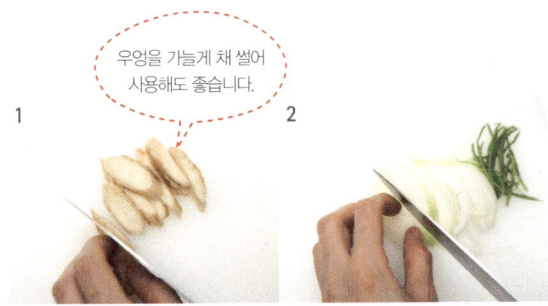

우엉을 가늘게 채 썰어 사용해도 좋습니다.

모양을 만들 땐 밥에 약간의 열기가 있어야 하므로 꼭 갓지은 밥으로 하세요.

아삭 아삭 불고기와 너무 잘 어울리는 우엉

아삭아삭 씹는 맛이 매력적인 뿌리채소인 우엉 특유의 떫은맛과 아삭거리는 식감은 불고기와 너무 잘 아우러져요. 고기만큼 우엉을 듬뿍 넣어주세요. 우엉불고기는 고기를 건강하게 먹어주는 방법이에요. 우엉은 껍질째 차로 끓여 먹으면 지방과 콜레스테롤을 없애주고 피부와 혈액순환에도 좋다고 해요.

몸도 마음도 지쳐 입맛이 없을 때
케일쌈밥과 김치말이쌈밥

총 290kcal

발암물질을 억제하고 노화를 늦춰주는 세계 10대 푸드 케일
세계 10대 슈퍼 푸드 중 하나인 케일은 칼슘과 철분이 풍부하여 골다공증 및 빈혈 예방에 탁월하고, 케일에 담긴 비타민은 세포노화를 늦춰준데요. 게다가 케일은 비타민이 풍부하고 베타카로틴 등의 섬유질이 풍부해 발암 물질을 억제하는 작용도 있답니다. 보통은 녹즙으로 마시거나 생으로 먹는데 이렇게 쌈으로 만들어 체중 조절을 하느라 지친 마음을 쌉싸래한 쌈밥으로 입맛을 달래보세요.

재료(2인 기준 레시피)

- 케일쌈밥 : 공기밥 1공기, 쌈케일, 들기름 1큰술, 통깨 조금, 오이장아찌, 조청 2큰술, 토판염 3꼬집
- 김치말이쌈밥 : 묵은지 잎사귀 부분 조금, 공기밥, 들기름 1큰술, 통깨 조금, 오이장아찌
- 볶음 고추장 : 고추장 2큰술, 꿀 1큰술, 해바라기씨 1큰술, 간 소고기 100그램
- 소고기 양념장 : 맛간장 2큰술, 맛술 1큰술, 조선간장 1작은술, 생강술 1큰술, 마늘 1작은술
- 도시락에 함께 싸줄 밑반찬 : 단호박볶음, 황태장아찌, 심심한 두부된장국

이렇게 만들어요

1 끓는 물에 소금 1작은술을 넣고 쌈케일의 줄기부터 넣고, 살짝 데쳐 찬물에 헹구어 물기를 꽉 짜줍니다.

2 오이장아찌는 잘게 썰어 조청 2큰술을 넣고, 1시간 정도 짠 염뿐기를 빼주고, 여분의 물기를 완전히 제거해줍니다.

3 한 김 식힌 밥에 2의 오이장아찌, 들기름 1큰술, 토판염 3꼬집을 넣고, 서로 섞어주세요.

4 3의 밥을 한입 크기로 동글동글하게 만들어 주세요.

5 살짝 데쳐 찬물에 헹구어 물기를 짜준 쌈케일은 키친타올로 여분의 수분을 제거하고 4의 밥을 넣고 단정하게 말아주세요.

6 신김치는 잎사귀 부분만 잘라 깨끗이 씻어 물기를 제거하고 4의 밥을 넣고 말아줍니다.

7 달구어진 프라이팬에 현미유 약간, 간한 소고기 2큰술, 분량의 소고기 양념장을 넣고 볶다가 해바라기씨 1큰술을 넣고 볶아주세요.

8 고추장 2큰술, 조청 1작은술, 꿀 1큰술을 넣고 와르르 끓어오르면 불을 끄고 반드시 열기가 있을 때 보관용 그릇에 옮겨주세요.

쌈밥의 쌈에서 물기가 생기면 드실 때 맛이 떨어질 수 있으니 반드시 키친타올로 여분의 수분을 완전히 제거해야 합니다.

조청이나 물엿이 들어가는 소스류는 식어 버리면 딱딱해지므로 열기가 있을 때 보관용기에 후다닥 부어 보관합니다. 그래야 프라이팬에 묻지 않아 설거지하기 편리해요.

쫄깃하고 고소한
홍새우표고밥과 연근베이컨볶음

총 310kcal

자연의 맛이 살아있는 홍새우표고밥과 연근베이컨볶음

홍새우의 감칠맛 나는 단맛을 모르면서 설탕의 단맛에만 익숙해진다면……. 표고버섯의 쫄깃함을 모르면서 젤리의 쫄깃함만 즐기게 된다면……. 분이 나오는 연근의 고소함을 모르면서 피자만 고소하다고 한다면…… 자연의 맛인 우리의 맛을 영영 잃어버리게 되는 것이 아닐까 속상하기도 하고 걱정되기도 합니다. 쫄깃한 표고와 감칠맛 나는 홍새우의 단맛이 너무 잘 아우러지는 홍새우표고버섯밥으로 잃어버린 자연의 맛을 어서 찾아오세요.

재료(2인 기준 레시피)

- 홍새우표고밥 : 불린 쌀 2컵, 다시마물 2컵, 홍새우 2큰술, 건표고버섯 2개
- 연근베이컨볶음 : 통연근 1/2, 베이컨 2줄, 토판염 2꼬집, 마늘 1작은술, 현미유 1작은술, 후추, 파슬리 가루 조금, 식초 1큰술
- 도시락에 함께 싸줄 밑반찬 : 곤약조림, 계란말이, 데친 버섯, 호두조림

이렇게 만들어요

1. 말린 표고버섯은 30분 정도 물에 불려서 먹기 좋은 크기로 잘게 썰어줍니다.
2. 홍새우 2큰술은 칼을 이용하여 듬성듬성하게 다져줍니다.
3. 냄비에 불린 쌀과 다시마물을 붓고 1의 표고버섯과 2의 홍새우를 넣어주세요.
4. 밥물이 넘치지 않도록 쿠킹호일로 감싸고 4~5개의 구멍을 내고 밥을 지어줍니다. 밥이 끓기 시작하면 센 불에서 2~3분 끓이다가 호일 뚜껑을 열고 밥물이 자작하게 줄어들 때 뚜껑을 닫고 10~12분 정도 아주 약한 불에서 뜸을 들여주세요.
5. 연근은 껍질을 벗기고 깨끗이 씻어 반으로 나누어 얄팍하게 썰어주세요.
6. 끓는 물에 식초 1큰술을 넣고 5의 연근을 데쳐 찬물에 헹군 후 체에 받쳐 물기를 빼줍니다.
7. 달구어진 프라이팬에 생협 베이컨 2줄을 3센티 간격으로 잘라서 달구어진 프라이팬에 현미유 1작은술을 넣고 중간 불에서 볶아줍니다.
8. 베이컨에서 나오는 기름은 키친타월로 닦아내고 6의 연근과 마늘 1작은술, 토판염 2꼬집을 넣고 센 불에서 2분 정도 볶아줍니다.
9. 불을 끄고 후추와 파슬리 가루를 솔솔 뿌려 마무리합니다.

홍새우가 없으면 두절새우도 좋습니다.

구수한 누룽지밥을 원하면 12~15분 정도 뜸을 들여주세요.

생협 베이컨에는 국산 돼지를 사용하고, 첨가물이 들어가지 않아 몸에도 좋아요.

아삭아삭 씹는 맛이 좋은
양배추유부밥과 베이컨계란말이

총 230kcal

영양이 풍부하고 포만감이 큰 볶음밥

볶음밥은 맛도 있지만 만들기도 정말 쉬워요. 평소에 잘 먹지 않는 양배추를 잘게 썰고, 고소한 유부도 넣어주고 아무렇게나 볶아도 맛이 있어요. 볶음밥에 정석이 있나요!! 들과 바다에서 나는 모든 재료들을 총집합해 영양적으로 남부럽지 않은 근사한 한 끼의 도시락으로 탄생한답니다. 양배추는 점막 강화 및 위궤양 치료뿐만 아니라 섬유질과 수분이 풍부해서 먹는 양에 비해 포만감이 크기 때문에 체중 감량에 많은 도움이 됩니다.

재료(2인 기준 레시피)

- 양배추유부밥 : 공기밥 1공기, 유부 2장, 양배추 2장 분량, 천일염 1작은술, 들기름 1큰술, 마늘 1작은술
- 양념 : 맛간장 1큰술, 조선간장 1작은술, 맛술 1큰술, 조청 1큰술
- 베이컨계란말이 : 베이컨 2줄, 삶은 계란 2개, 현미유 1큰술, 파슬리 가루
- 도시락에 함께 싸줄 밑반찬 : 우엉잔멸치조림, 꼴뚜기조림, 야채 피클, 방울토마토

이렇게 만들어요

1 튀김유부는 끓는 물에 한 번 데쳐 불순물과 기름기를 빼주고, 찬물에 헹구어 물기를 꽉 짜서 먹기 좋은 크기로 잘라줍니다.

2 양배추 2장을 먹기 좋은 크기로 잘게 썰어 천일염 1작은술을 넣고 1시간 정도 절여줍니다. 숨이 어느 정도 죽었을 때 면보를 사용하여 물기를 완전히 짜주세요.

3 달구어진 프라이팬에 들기름 1큰술을 두르고 2의 양배추, 마늘 1작은술을 넣고 센 불에서 1분 정도 볶아주다가 분량의 양념장을 넣어줍니다.

4 1의 유부를 넣고 소스가 자작해질 때까지 볶아줍니다.

5 열기가 있는 밥을 넣고 밥알이 고슬고슬해질 때까지 볶아주고 마지막에 후추를 살짝 뿌려 완성합니다.

6 끓는 물에 소금 1작은술, 계란 2개를 넣고, 15분 정도 삶아 찬물에 담구어 계란 껍질을 벗겨줍니다. 삶은 계란에 베이컨 1줄을 돌돌 말아줍니다.

7 달구어진 프라이팬에 현미유 1작은술을 두르고 베이컨이 노릇해질 때까지 앞뒤로 구워줍니다.

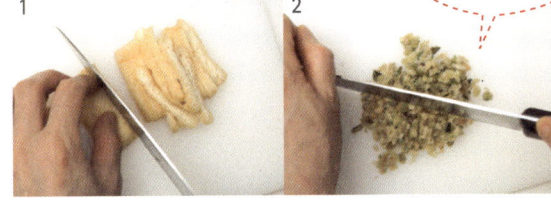

소금에 살짝 절여서 사용하면 양배추의 아삭아삭한 씹는 식감이 좋습니다.

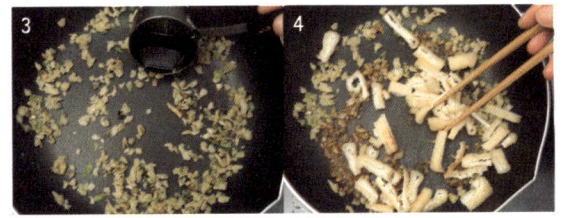

달걀 잘 삶는 법 : 상온의 달걀을 뜨거운 물에 12~15분간 삶은 후 찬물에 담그면 껍데기가 깔끔하게 벗겨진답니다.

딸랑딸랑 종소리가 들리는
데리야끼두부김밥

총 400kcal

재료(2인 기준 레시피)

- 김밥에 들어간 밥 : 공기밥 1공기, 들기름 1큰술, 토판염 2꼬집
- 데리야끼두부김밥 : 단단한 두부 1/2, 녹말가루, 현미유 2큰술, 토판염 1꼬집
- 두부 조림장 : 맛간장 2큰술, 조선간장 1작은술, 맛술 1큰술, 조청 1큰술, 마늘 1작은술
- 김밥 속에 들어간 재료 : 볶은멸치, 단무지, 깻잎, 당근, 계란부침, 오이, 김밥김, 들기름
- 도시락에 함께 싸줄 밑반찬 : 맑은 두붓국, 멸치볶음, 야채피클, 포도, 귤

이렇게 만들어요

1. 부침용 두부는 손가락 굵기 정도로 썰어 토판염 2꼬집을 뿌려 밑간을 해줍니다.

2. 1의 두부는 키친타월로 수분을 제거합니다. 녹말가루를 고루 묻혀 달구어진 프라이팬에 현미유 2큰술을 두르고 중간 불에서 앞뒤로 노릇하게 구워줍니다.

3. 두부가 노릇하게 구워졌을 때 분량의 양념장을 넣고, 소스가 자작해질 때까지 두부를 조려줍니다.

4. 김밥 속에 넣어갈 당근과 오이는 가늘게 채를 썰어주세요.(오이는 돌려깎기 해서 채를 썰어줍니다.) 채를 썬 채소에 토판염 2꼬집을 뿌려 밑간을 하고 팬에 살짝 볶아줍니다.

5. 계란 2개에 토판염 2꼬집을 넣고 계란지단을 도톰하게 만들어 굵직하게 썰어 준비합니다.

6. 한 김 식힌 밥에 들기름 1큰술, 토판염 2꼬집을 넣고 밑간을 해둡니다.

7. 김밥용 김에 6의 밥을 고루 펴 바르고 깻잎, 3의 두부, 당근, 오이, 계란을 넣어줍니다.

8. 7을 돌돌 말아 김발로 모양을 잡아주고 완성된 김밥에 들기름을 엷게 발라줍니다.

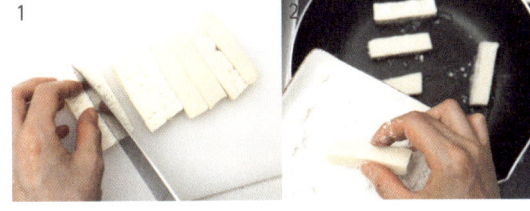

오이는 꼭 씨 부분을 제거한 후 사용합니다.

10여 분 정도 지나 김밥을 썰어주면 깔끔하고 단정하게 썰어집니다.

PART.5

우리 남편 기 살리는 도시락

"남자들은 어쩜 그리 하는 말들이 똑같을까?" 하는 놀라움을 느낄 때가 있어요. 특히 아침밥의 중요성은 어찌도 그리 지나칠 정도로 강조하는지. "아내가 과연 나를 사랑하는가?" 하는 애정과 배려의 증거로 아침밥을 생각하는 남성들이 대단히 많다고 합니다! 밥을 먹고 느끼는 포만감, 내가 좋아하는 반찬을 맛있게 먹고 난 뒤의 만족감을 행복하게 여기는 남편들이 많은 것 같아요. 밥은 남성들에게 포만감(채워짐)을 느끼게 한데요.

이왕 남편의 포만감(채워짐)을 꾹꾹 눌러서 마음을 다하고 정성을 다해 도시락을 만들고 쪽지를 남겨보세요. 딱히 할 말이 없다면, 제가 적어 놓은 대로 따라 적어 도시락 통에 넣어 보실래요? 처음에는 피식~ 웃고 말겠지만 일주일만 지나도 아내의 쪽지가 기다려지는 연애편지가 될 거예요.

"여보, 사랑해! 내가 시집 하나는 잘 왔지. 내가 정말 복 받은 여자지. 당신이라면 할 수 있어. 역시 당신 밖에 없어. 다리 쭉 뻗고 낮잠이라도 푹 자요. 덕분에 이렇게 잘 살게 되었어……"
"건강도 생각해 무리하지 말아요. 당신 없이 난 하루도 못살거야. 항상 고마워요. 당신은 언제 봐도 멋있어요. 어떻게 그런 생각을 다 했어. 다시 태어나도 당신밖에 없어요……
당신을 보고 있으면 마음이 따뜻해져요. ㅋㅋ"

너무 유치한가요? 하지만 정성스럽게 만든 아내의 도시락과 사랑의 쪽지를 보면 크게 감동 받지 않을까요?!

붉은 호박빛
전복초와 영양팥찰밥

총 460kcal

재료(2인 기준 레시피)

- 전복초 : 중간 크기의 활전복 2개
- 조림장 : 다시마물 반 컵, 맛술 3큰술, 맛간장 4큰술, 조선간장 2큰술, 마늘 1작은술, 생강술 2큰술, 조청 2큰술, 대파 흰 부분 조금, 통마늘 2~3알, 구기자 한 줌
- 영양팥찰밥 : 불린 시판용 혼합쌀 1컵 반, 불린 찹쌀 반 컵, 삶은 팥 한 컵, 토판염 1/2 작은술, 팥물 2컵
- 도시락에 함께 싸줄 밑반찬 : 계란말이, 호두조림

이렇게 만들어요

1 시판용 혼합쌀과 찹쌀은 깨끗이 씻어 30분 정도 불려 체에 받쳐 물기를 빼고 돌솥에 넣어줍니다.

2 냄비에 깨끗이 씻은 팥과 물을 붓고 끓어오르면 5분 뒤 불을 끄고 첫물은 버리고 다시 팥의 6배 정도의 물을 붓고 10분 정도 삶아 팥물과 팥을 따로 분리해 준비합니다.

3 2의 팥물 2컵, 삶은 팥 반을 1의 돌솥에 넣고 밥을 지어줍니다.

4 살아있는 전복은 주방용 솔로 깨끗이 씻어 수저나 칼로 전복의 살만 도려내줍니다.

5 전복의 뾰족한 이빨은 손으로 눌러 밖으로 밀어 칼로 잘라줍니다.

6 5의 전복 앞쪽에 가로, 세로 칼집을 넣어 양념장이 잘 스며들도록 합니다.

7 냄비에 분량의 양념장을 붓고 양념장이 끓기 시작하면 6의 전복, 대파, 통마늘, 구기자 한 줌을 넣어줍니다.

8 끓기 시작하면 국자로 조림장을 끼얹어 가면서 10분 정도 익혀줍니다.

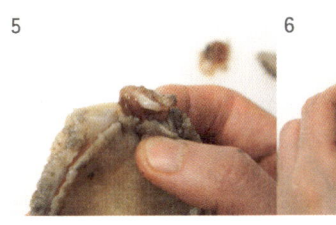

단백질과 비타민이 풍부해 원기회복에 효과적인 전복

전복에는 단백질과 비타민이 풍부하며 자양 강장에 좋아 진시황제가 불로장생을 위해 먹었다고 해요. 몸이 허약할 때 전복을 드시면 원기회복에 효과적입니다. 전복 내장은 4~6월 산란기 때 먹는 것은 삼가세요. 산란기 때는 모래주머니에 독성분이 들어있다고 해요.

고등어 사촌
삼치데리야끼덮밥

총 380kcal

칼로리가 낮고 뼈를 단단하게 해주는 삼치

고등어와 삼치는 모양새가 비슷하고 들어있는 영양 성분도 비슷하지만 고등어에는 지방이 삼치보다 거의 2배가량 많이 들어있어요. 그래서 오메가-3 지방산인 DHA 함량만을 비교해보면 고등어가 2배가량 많이 들어있어요. 그렇지만 고등어는 지방이 많아 칼로리가 삼치보다 50% 정도 높고(고등어 한 토막 100g이 183kcal, 삼치는 137kcal), 알레르기를 유발하는 히스티딘 함량도 2배가량 많다고 해요. 그 외에도 뼈를 단단하게 도와주는 비타민D는 오히려 고등어보다 삼치에 2배가량 많아요. 알레르기나 칼로리 걱정이 되거나, 뼈가 약한 사람은 고등어보다 삼치를 먹는 것이 더 좋아요.

재료(2인 기준 레시피)

- 삼치데리야끼덮밥 : 삼치 구이용 2토막, 새송이버섯 2개, 양파 조금, 청고추, 홍고추 조금, 녹말가루, 현미유 2큰술, 토판염 2꼬집, 후추 조금
- 삼치 양념장 : 맛간장 2큰술, 조선간장 1작은술, 맛술 1큰술, 생강술 1큰술, 조청 1큰술, 마늘 1큰술
- 도시락에 함께 싸줄 밑반찬 : 곤약조림, 연근조림, 계란말이 오이장아찌, 계란국

이렇게 만들어요

1 새송이버섯은 먹기 좋은 크기로 깍뚝 썰기합니다.

2 양파는 먹기 좋은 크기로 듬성듬성 썰고 홍고추 청고추는 양파와 비슷한 크기로 송송 썰어 준비합니다.

3 염장하지 않은 삼치는 뼈를 제거한 살코기 부분만 깍둑썰기 합니다.

4 3의 삼치살에 토판염 2꼬집, 후추를 조금 뿌려 밑간을 합니다.

5 주방용 비닐팩에 녹말가루 2큰술, 4의 삼치살을 넣고 삼치에 녹말가루가 잘 묻도록 봉지에 공기를 넣어 흔들어줍니다.

6 달구어진 프라이팬에 현미유 2큰술을 두르고 5의 삼치 여분을 녹말가루를 털어내고 한꺼번에 넣지 말고 젓가락으로 하나씩 집어 넣어줍니다. 중간 불에서 앞뒤로 노릇하게 구워줍니다.

7 6의 삼치가 노릇하게 구워졌을 때 여분의 불순물은 키친타월로 닦아내고 현미유 1작은술을 조금 더 넣어줍니다. 2의 야채를 넣고 양파가 투명하게 익을 때까지 프라이팬을 흔들면서 볶아줍니다.

8 1의 새송이와 분량의 양념장을 넣고 소스가 자작해질 때까지 조려줍니다.

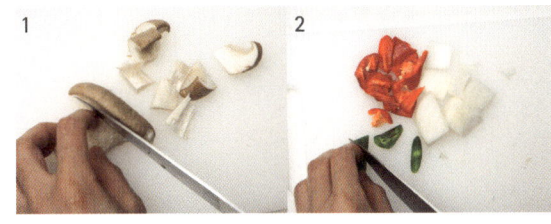

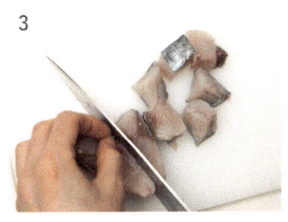 

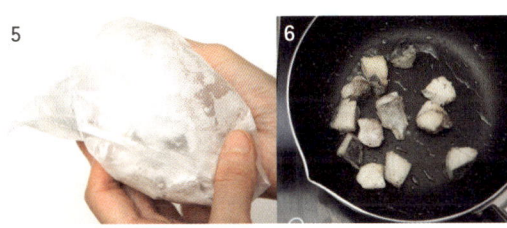

젓가락으로 너무 저어주면 삼치살이 부서질 수 있으니 주의하세요.

산성인 생선과 알칼리성인 야채를 곁들여 먹으면 좋아요.

원초적인 맛이 최고
소고기무밥과 연어고추장구이

총 460kcal

무밥 이야기

일본 소설 오싱(하시다 스가코 저)에 쌀이라곤 몇 톨 들어가지 않고 온통 채썬 무만 담긴 '무밥'이 자주 등장합니다. 일본의 궁핍했던 시절 밥의 양을 늘리고자 했던 무밥! 궁핍과 모자람이 사라진 요즘 같은 시대에 그런 아픔이 있는 음식이 이제는 건강식이나 별식이 되어 사랑을 받고 있답니다. 내 생각에 맛도 역시 원초적인 맛이 최고인 듯하네요. 마음 가장 깊은 곳으로부터 수증기처럼 스멀스멀 올라오는 따스함을 느낄 수 있는 원초적인 맛 말이죠.

재료(2인 기준 레시피)

- 소고기무밥 : 불린 쌀 2컵, 다시마물 2컵, 무, 토판염 2꼬집, 들기름, 간소고기 100그램
- 소고기 양념장 : 맛간장 1큰술, 조선간장 1작은술, 생강술 1큰술, 맛술 1큰술, 마늘 1작은술
- 연어고추장구이 : 구이용 연어, 현미유, 토판염 1꼬집, 후추
- 고추장 양념장 : 고추장 1큰술, 고추가루 1작은술, 맛술 1큰술, 생강술 1큰술, 조청 1큰술, 맛간장 1큰술, 마늘 1작은술
- 도시락에 함께 싸줄 밑반찬 : 계란말이, 콩자반, 멸치볶음, 홍새우볶음, 심심한 맑은 버섯국

이렇게 만들어요

1 무는 약간 굵게 채썰어 달구어진 프라이팬에 참기름 1작은술을 두르고 센 불에서 토판염 2꼬집을 넣어 무가 숨이 죽을 때까지 볶아줍니다.

2 달구어진 프라이팬에 현미유를 조금 두르고 다진 소고기를 보슬보슬 볶아주세요. 분량의 양념장을 넣고 양념장이 자작해질 때까지 볶아줍니다.

3 돌솥에 불린 쌀을 넣고 1의 무와 2의 볶은 소고기, 그리고 분량의 물을 부어줍니다.

4 밥물이 넘치지 않도록 쿠킹호일을 덮고 밥을 지어줍니다.

양념장을 미리 만들어 두셔도 좋고 한꺼번에 많이 만들어 냉동 보관하여 여러 가지 볶음용 요리에 사용해도 좋습니다.

5 염장하지 않은 구이용 연어는 토판염 2꼬집과 후추를 조금 뿌려서 밑간을 해줍니다.

6 빈 볼에 분량의 고추장 양념장을 모두 넣고, 1시간 정도 상온에서 숙성시켜 밑간 해준 5의 연어에 고루 발라줍니다.

7 오븐용 기름종이에 현미유를 얇게 발라줍니다.

8 예열된 오븐에 10분에서 12분 정도 구워주면 됩니다.

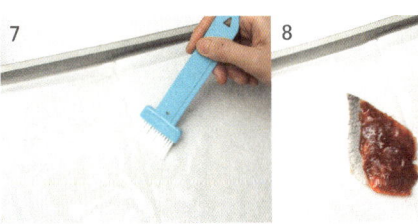

Tip 프라이팬에서 연어구이 굽는 방법
프라이팬을 약한 불에서 예열합니다. 쿠킹호일에 기름을 얇게 펴 바르고 그 위에 양념한 연어를 올려줍니다. 뚜껑을 닫고 약한 불에서 서서히 익혀주면 고추장이 타지 않고 촉촉하게 속까지 익게 됩니다.

알고보면 철학적인
궁중떡볶이와 흑미밥

총 430kcal

재료(2인 기준 레시피)

- 흑미밥 : 불린 쌀 2컵, 흑미 1큰술, 물 2컵
- 궁중떡볶이 : 떡볶이 떡 5~6가닥, 피망, 당근, 양파, 홍고추, 건표고버섯, 목이버섯, 사각어묵(약간), 소고기 불고기감 100그램, 들기름, 현미유, 토판염 2꼬집
- 불고기 양념장 : 맛간장 2큰술, 조선간장 1작은술, 배즙 1큰술, 조청 1작은술, 생강술 1큰술, 맛술 1큰술, 마늘 1작은술, 후추, 참기름 1작은술
- 도시락에 들어간 밑반찬 : 계란말이, 홍새우볶음, 홍합조림, 고추볶음

이렇게 만들어요

1 불고기감은 먹기 좋은 크기로 썰어주고 분량의 양념장을 넣고 2~3시간 정도 재워줍니다.

2 당근, 피망, 양파, 홍고추는 채를 썰어줍니다.

3 목이버섯과 말린 표고버섯은 미지근한 물에 10분 정도 불려 물기를 짜고 2의 야채와 비슷한 크기로 채를 썰어 준비합니다.

4 어묵은 끓는 물에 가볍게 데쳐 불순물을 제거한 후 가늘게 채를 썰어줍니다.

5 달구어진 프라이팬에 현미유 1큰술을 두르고 2의 야채에 토판염 2꼬집을 넣어 센 불에서 1분 정도 살짝 볶아 따로 준비해둡니다.

6 떡볶이 떡이나 가래떡을 준비합니다. 달구어진 프라이팬에 들기름 1 작은술을 두르고 6의 떡을 살짝 볶아 따로 준비해줍니다.

7 달구어진 프라이팬에 현미유 1 작은술을 두르고 1의 불고기, 3의 버섯을 넣어 불고기가 보슬보슬하게 볶아졌을 때 볶아 준비한 야채와 떡을 넣어줍니다.

8 마지막에 모자라는 간은 토판염 2꼬집을 넣어 재료가 서로 잘 아우러지도록 뒤적여 완성합니다.

떡이 딱딱하면 끓는 물에 한 번 데치고 가늘게 채를 썰어줍니다.

맛간장의 유래

드라마 '대장금'에서 장금이는 미각을 잃게 됩니다. 한상궁은 장금이의 미각을 살리기 위해 부단하게 노력을 하게 되죠. 장금이가 한상궁에게서 요리 수련을 받는 가운데 만들게 되는 음식이 바로 '궁중떡볶이'예요. 장금은 배와 간장을 끓여서 오늘날의 '맛간장'을 만들어 떡볶이 향신 장으로 쓰고, 또한 쇠고기에 호박오가리, 숙주, 표고버섯, 양파와 당근 등의 채소를 넣죠.

둘리랑 영심이는 지금 어디에
소고기말이밥

총 460kcal

재료(2인 기준 레시피)

- 소고기말이밥 : 등심 불고기감 200그램, 토판염 2꼬집, 맛술, 현미유, 깻잎, 공기밥 1그릇, 들기름 1작은술
- 고기 양념 : 맛간장 3큰술, 조선간장 1큰술, 생강술 1큰술, 맛술 1큰술, 매실즙 1큰술, 조청 1큰술, 마늘 1작은술, 후추 약간
- 계란지단 : 계란 2개, 토판염 2꼬집, 맛술 1큰술, 현미유 조금
- 도시락에 함께 싸줄 밑반찬 : 미역줄기볶음, 계란말이, 데친 브로콜리, 귤, 방울토마토, 심심한 미역국

 이렇게 만들어요

1. 불고기감은 자르지 않고 분량의 양념장에 재워 한 시간 정도 간이 베이도록 합니다.
2. 달구어진 프라이팬에 현미유 1작은술을 두르고 1의 불고기를 넓직하게 펴가면서 센 불에서 앞뒤로 구워주세요.
3. 계란 2개에 토판염 2꼬집을 넣고, 작은 사이즈의 계란 지단 2장을 만들어줍니다.
4. 김발에 랩을 깔고 2의 구운 불고기, 3의 계란 지단을 올려주세요.
5. 한 김 식힌 밥에 토판염 2꼬집, 들기름 1작은술을 넣고 밑간을 해줍니다. 4에 깻잎을 올리고 밥을 적당히 올려 김밥을 싸듯이 돌돌 말아줍니다.

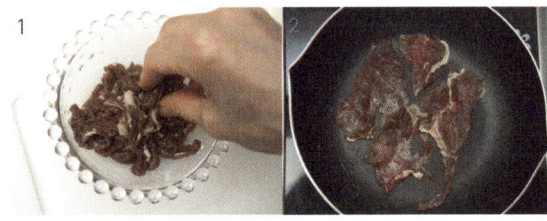

> 고기말이밥이 풀리지 않도록 쪽파나 미나리를 데쳐서 묶어주어도 좋습니다.

고기를 멀리 하셨다면?

소고기는 일상생활을 유지하는데 에너지를 주는 단백질의 공급원입니다. 성장기 어린이의 경우 체중 1kg당 사용하는 단백질의 양은 성인의 2배 이상이므로 하루에 어른 손바닥만한 양의 소고기를 매일 먹어주는 것이 좋다고 합니다.

카모메 식당의 소가야끼덮밥

총 480kcal

재료(2인 기준 레시피)

- 쇼가야끼덮밥 : 돼지고기 목살100그램, 밥 1공기, 생강 2톨, 쪽파, 토판염 2꼬집, 후추, 현미유 1큰술
- 양념장 : 맛간장 2큰술, 조선간장 1작은술, 간 생강 1큰술, 맛술 2큰술, 조청 1큰술, 꿀 1작은술, 마늘 1작은술
- 도시락에 함께 싸줄 밑반찬 : 계란말이, 우엉조림, 고추장멸치, 야채피클, 볶은 아스파라거스, 버섯, 당근, 데친 컬리플라워, 심심한 콩나물국

이렇게 만들어요

1 크기가 큰 생강 2톨을 준비하여 껍질을 벗겨 깨끗이 씻어줍니다. 강판에 호일을 깔고 생강을 갈아주면 손이 다치는 것을 방지할 수 있어요.

2 나머지 생강 한 톨은 가늘게 채썰어줍니다.

3 1의 강판에 호일만 빼내어 갈아놓은 생강을 모아줍니다.

4 빈 볼에 분량의 양념장과 3의 갈아놓은 생강을 넣어줍니다.

5 돼지고기는 두껍지 않은 목살을 준비하여 먹기 좋은 크기로 썰어주고 토판염 2꼬집, 후추를 조금 뿌려 밑간해줍니다.

6 달구어진 프라이팬에 현미유를 조금만 두르고 센 불에서 5의 돼지고기를 넣고, "치~" 소리가 나면서 익기 시작하면 4의 양념장을 1/3만 남기고 부어줍니다.

7 양념장이 쫄기 시작하면 불을 약하게 줄이고 2의 채를 썬 생강을 넣고 모자라는 간은 6에서 남겨 놓은 양념장을 넣고 마무리합니다.

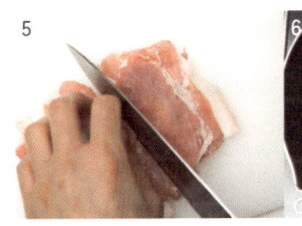

처음부터 양념장을 다 부어주면 간이 짤 수 있으니 1/3만 남겨주세요.

카모메 식당의 쇼가야끼

쇼가야끼는 가슴 따뜻하게 보았던 영화 카모메 식당에 등장하는 요리입니다. 영화에서는 일본 가정의 지극히 평범한 반찬으로 등장해요. 우리의 불고기처럼 말이죠. 쇼가야끼는 구운 돼지고기에 생강을 갈아 넣은 간장소스를 부어 조린 것인데, 그 은은하게 올라오는 생강 향이 외로움을 타는 식구들을 한 식구로 어우르고 위로하는 신기한 힘이 있는 요리에요.

총 430kcal

가지가지 맛있는
소고기가지덮밥

재료(2인 기준 레시피)

- 소고기가지덮밥 : 밥 1공기, 가지 1/2개, 백만송이버섯 조금, 아스파라거스 조금, 통마늘 2개, 깻잎 2장, 다진 소고기 100그램,
- ⓐ고기용 양념 : 토판염 2꼬집, 후추 조금, 맛간장 1큰술, 맛술 1큰술, 현미유 1작은술,
- ⓑ양념장 : 맛간장 1큰술, 조선간장 1작은술, 맛술 1큰술, 마늘 1작은술, 다시마물 2큰술, 조청 1작은술
- 도시락에 함께 싸줄 밑반찬 : 계란말이, 땅콩조림, 멸치조림, 단호박조림

이렇게 만들어요

1 가지는 통통하지 않은 씨가 적고 날씬한 가지를 구입해서 먹기 좋은 크기로 깍둑썰기 합니다.

2 백만송이버섯은 갓 부분만 잘라 사용합니다.

3 줄기가 굵은 아스파라거스는 심이 딱딱한 줄기 부분은 필러로 껍질을 벗겨주고 1의 가지와 비슷한 크기로 깍둑 썰어줍니다.

4 통마늘은 얇게 저며줍니다.

5 달구어진 프라이팬에 현미유를 조금 두르고 4의 마늘은 먼저 볶다가 다진 소고기를 넣고 양념장 ⓐ를 넣어 보슬보슬하게 볶아줍니다.

6 5의 고기가 보슬보슬 해졌을때 1, 2, 3의 야채와 분량의 ⓑ양념장을 넣고 센 불에서 야채의 숨이 살짝만 죽을 때까지 볶아 완성합니다.

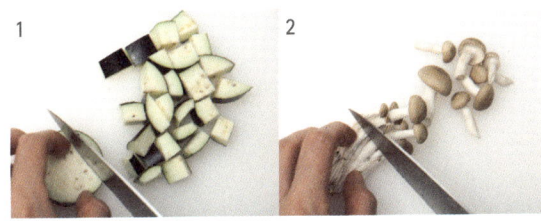

Tip 도시락 통에 밥을 담고 밥 가운데 소고기 가지볶음을 넣을 홈을 움푹하게 만들어 깻잎을 깔고 완성된 소고기 가지볶음을 올려주면 됩니다.

가지의 촉촉함과 소고기의 퍽퍽한 궁합이 철분의 흡수를 높여줘요

가지가지 가지 맛, 가지 말라고 가지, 가지가지 맛있는 가지, 가지 요리도 가지가지……. 가지로 안되는 게 없는 가지 요리. 가지에는 93%의 수분과 단백질, 탄수화물, 칼슘, 인, 비타민A, C 등이 함유되어 있고 칼로리는 낮은 편에 속해요. 하지만 가지를 소고기와 같은 단백질 식품과 함께 조리하면 철분의 흡수를 높여준답니다. 임신 중이라면 매일 먹는 철분제처럼 꼭꼭 챙겨 먹어야 할 반찬이에요.

미련 곰탱이의 밥
알마늘장조림과 표고버섯완두콩밥

총 430kcal

암 예방과 피로회복에 좋은 마늘

마늘은 각종 암 예방과 피로회복에 좋은 바타민 B1 성분이 다량 함유되어 있어 피로회복에 좋구요. 마늘에 함유된 알리신은 비타민 B1과 결합하면 알리티아민이라는 성분이 기력이 쇠해진 사람들에게 기력을 회복시켜주는 효과가 있는 스테미너 음식이라고 할 수 있어요.

재료(2인 기준 레시피)

- 표고버섯완두콩밥 : 불린 쌀 2컵, 물 2컵, 건표고 2개, 데친 완두콩 2큰술, 참깨 조금, 들기름 1큰술
- 표고 양념장 : 맛간장 1큰술, 맛술 1큰술, 조선간장 1작은술, 참기름 1작은술, 조청 1작은술
- 알마늘장조림 : 알마늘 8알, 마늘쫑 2~3줄기, 대파 흰부분, 구기자 1큰술, 간 소고기 150그램, 토판염 2꼬집, 후추 조금, 생강술 1큰술, 녹말가루 1큰술
- 조림장 : 다시마물 반 컵, 맛간장 반 컵, 조선간장 2큰술, 맛술 3큰술, 조청 3큰술
- 도시락에 함께 싸줄 밑반찬 : 황태장아찌, 계란말이, 버섯조림, 오이장아찌

 이렇게 만들어요

1. 말린 표고버섯은 미지근한 물에 10분 정도 불려 먹기 좋은 크기로 잘게 썰어줍니다.
2. 달구어진 프라이팬에 1의 썰어둔 표고버섯과 분량의 양념장을 넣고 중불에서 소스가 자작해질 때까지 졸여줍니다.
3. 한 김 식힌 밥에 2의 표고버섯, 데친 완두콩 2큰술, 참깨 약간, 들기름 1큰술을 넣고 고루 섞어줍니다.
4. 끓는 물에 통마늘을 7~8알 넣고 1~2분 정도 삶아 찬 물에 헹구어 물기를 빼줍니다.
5. 다진 소고기에 토판염 2꼬집, 후추 약간, 생강술 1큰술을 넣고 여러 번 치대어줍니다.
6. 4의 데쳐서 물기를 빼준 마늘에 녹말가루를 살짝 묻히고 5의 다진 고기를 마늘의 1/3 정도 남기고 손가락으로 두드려가면서 매끈하게 붙여주세요.
7. 냄비에 다시마물 반 컵, 맛간장 반 컵, 조선간장 2큰술, 맛술 3큰술, 조청 3큰술 등 분량의 조리장을 넣고 조림장이 끓기 시작하면 6의 마늘, 대파, 구기자 한 줌을 넣어주세요.
8. 센 불에서 조림장을 끼얹어가면서 10여 분 조려주세요.
9. 마늘쫑을 넣고 2~3분 더 조려주다가 불을 끄고 완성합니다.

향과 맛이 너무 강한 통마늘을 이용한 요리를 할 때는 양념이 아닌 이상 한 번 익혀내는 것이 좋습니다.

PART.6

추억의 옛날 도시락

내가 초등학교에 처음 들어갔을 때는 초등학교를 국민학교라고 불렀어요. 참으로 지금 들으면 촌스럽네요. 입학식날 무어라고 들 연설하고 박수치는 교장 선생님과 선생님, 그리고 우리들의 부모님……. 연설과는 상관없이 벌써부터 내 맘은 동네 놀이터와 자장면 집으로 향해있지만……

국민학교 때는 태극기 그리는 게 어찌나 힘들었던지요. 항상 내 맘대로 창작을 해서 그리곤 했지만 그때마다 짝궁이랑 일본은 좋겠다고 했는데…… 국민학교 시절 쓰던 공책이랑, 바른생활, 바른생활 길잡이, 관찰일기가 생각나요. 표준전과, 동아전과 고맙다, 이달 학습, 다달학습, 완전정복 참 밥맛이다.

그리고 어느 덧 5학년이 되었어요. 그때는 일주일에 3번 도시락을 싸서 다녔어요. 추운 겨울날 점심시간에 먹던 보온 도시락이 생각납니다. 깜박하고 학교에 놓고 온 적이 한두 번이 아니었는데……. 그 따신 밥이 정말 그립네요! 바스락 바스락거리는 과자봉지에서 꺼내 먹는 달콤하고 고소한 과자처럼 이젠 추억이 되어버린 도시락, 그 도시락이 먹고 싶어요.

어느 모 방송에서 생방송으로 진행된 퀴즈프로그램에 1970년대와 80년대 학창시절 가장 먹고 싶은 도시락 반찬이 무엇인지에 대한 퀴즈가 출제되었다고 합니다. 많은 시청자들이 궁금해한 이 문제의 정답은 바로 소시지 무침이었습니다. 오늘날 청소년들의 급식 문화에서는 발견할 수 없지만 소시지 무침에 대한 추억을 떠올려 보았어요.

꼬투리 김밥 맛이 나는
통소세지김밥

총 350kcal

- 재료(2인 기준 레시피)
  - 통소세지김밥 : 소세지 2개, 김밥용 김, 들기름, 토판염 4꼬집, 맛술 1큰술, 청상추 2장, 계란 2개, 현미유
  - 도시락에 함께 싸줄 밑반찬 : 삶은 옥수수, 삶은 고구마, 귤, 데친 버섯, 야채 피클

 이렇게 만들어요

1. 계란 2개에 토판염 2꼬집, 맛술 1큰술을 넣고 계란 지단을 도톰하게 만들어줍니다.
2. 달구어진 프라이팬에 현미유를 조금 두르고 소세지를 살짝 구워주고 여분의 기름은 키친타월로 닦아줍니다.
3. 프라이팬으로 구워놓은 소세지를 계란지단에 돌돌 말아줍니다.
4. 한 김 식힌 밥에 들기름 1큰술, 토판염 3꼬집을 넣고 밥에 밑간을 해줍니다.
5. 김밥용 김을 반으로 잘라 밑간을 해준 밥을 고루 펴줍니다.
6. 청상추 2장을 겹쳐서 밥 위에 깔고 3의 소세지를 넣고 돌돌 말아줍니다.
7. 완성된 김밥에 들기름을 얇게 발라주고, 10여 분 지난 후 김밥을 잘라주면 깔끔하고 단정하게 썰어집니다.

생협에 가면 화학첨가물이 들어가지 않은 건강한 햄을 구입할 수 있어요

옆구리 터진 김밥이 싫으면 들기름을 얇게 펴 바르고 꼭 10분 후에 칼에 물을 살짝 묻혀 잘라주세요.

추억을 먹는 도시락

어릴 때만 해도 김밥은 운동회, 소풍 등 특별한 날만 먹던 귀한 음식이었어요. 소풍날 새벽 엄마가 김밥을 만드실 때 옆에서 앞 뒤 꼬투리 김밥을 먹었던 게 최고로 맛있었어요. 저는 조금 특이해서 다른 재료는 넣지 말고 소시지만 통으로 넣어 달라고 했어요. 약간의 잔소리는 들었지만 소시지가 통으로 들어가는 김밥을 먹을 수 있는 횡재를 얻지요.

파리채로 맞고 먹었던
효자동기름떡볶이와 러블리 폭탄주먹밥

총 380kcal

재료(2인 기준 레시피)

- 러블리 폭탄주먹밥 : 공기밥 1/3 공기, 들기름 1큰술, 김밥용 김, 맛살, 마요네즈 조금
- 효자동기름떡볶이 : 떡볶이 떡, 현미유 2큰술, 검정깨
- 떡볶이 양념장 : 고추장 2큰술, 고추가루 1큰술, 맛술 1큰술, 맛간장 1큰술, 마늘 1작은술, 조청 1큰술, 꿀 1작은술
- 도시락에 함께 싸줄 밑반찬 : 삶은 땅콩, 볶은 당근

이렇게 만들어요

1. 붉은 색이 잘 보이도록 맛살은 붉은색 부분만 살짝 뜯어주세요.
2. 쿠키 틀을 이용하여 붉은색 부분만 뜯어준 맛살에 하트 모양을 찍어줍니다.
3. 김밥용 김을 자연스러운 하트 모양이 되도록 손으로 찢어줍니다.
4. 한 김 식힌 밥을 둥글게 뭉쳐서 마요네즈를 얇게 발라줍니다.
5. 4의 마요네즈를 발라준 밥에 2의 맛살과 3의 김을 붙여줍니다.
6. 호리호리한 떡볶이 떡을 구입해서 달구어진 후라이팬에 현미유 2큰술을 두르고 센 불에서 떡볶이 떡 겉면을 바삭하게 튀기듯이 볶아줍니다.
7. 여분의 기름을 키친타월로 살짝 닦아내고 분량의 고추장 양념장을 1/3만 남겨두고 넣어줍니다.
8. 양념장이 바글바글 끓어오를 때 약한 불로 줄이고 소스가 자작해질 때까지 볶아줍니다. 모자라는 간은 7에 남겨놓은 양념장을 더 넣고 마무리합니다.

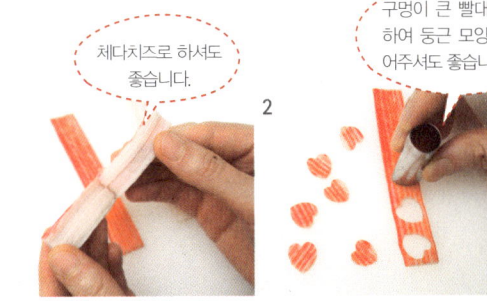

체다치즈로 하셔도 좋습니다.

구멍이 큰 빨대를 이용하여 둥근 모양을 만들어주셔도 좋습니다.

매콤한 떡볶이의 매운 맛을 중화시켜줄 주먹밥

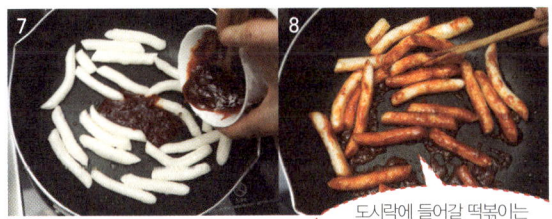

도시락에 들어갈 떡볶이는 국물 떡볶이보다 국물이 흐르지 않는 효자동기름떡볶이를 이용하세요.

며느리도 모른다는 양념장의 비밀

중학교, 고등학교 때 떡볶이를 무진장 좋아했어요. 엄마한테 참고서 산다고 뻥치고 떡볶이를 사먹었다가 파리채로 맞았던 기억이 있어요. 파리채는 소리만 크지 그리 아프지는 않았지요. 그럼에도 불구하고 무슨 마약처럼 끊을 수 없는 이 "당김"은 무엇일까요? 그건 바로 며느리도 모른다는 매콤달콤한 양념장이 아닐까요?

고3 때 먹었던
흑미유부밥

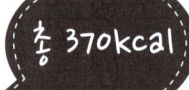
총 370kcal

잃어버린 입맛을 돋워주고 스트레스도 풀어주는 유부초밥

고등학교 3학년, 입시 스트레스로 밥맛과 입맛을 잃었을 때 엄마가 자주 만들어준 유부초밥이에요. 소고기의 고소하고 달달한 맛이 잃어버린 입맛을 돋우고, 꼬들꼬들한 유부의 식감은 그동안 분출되지 못한 스트레스와 불만을 자동으로 사라지게 했죠. 정말 수험생에게 이만한 음식은 없었어요. 유부초밥을 보면 추억과 낭만이 가득했던 인생의 가장 중요한 시기, 고3 때가 생각이 나요.

재료(2인 기준 레시피)

- **흑미유부밥** : 밥 1/3공기, 양파 다진 것 2큰술, 현미유 1작은술, 다진 소고기 100그램, 토판염 2꼬집, 비트무 초절임, 유부 5장, 참기름 1작은술, 비트 조금, 무 조금
- **유부조림장** : 다시마물 반 컵, 맛간장 3큰술, 조선간장 1큰술, 맛술 2큰술, 조청 1큰술
- **소고기 양념** : 맛간장 1큰술, 조선간장 1작은술, 생강술 1작은술, 맛술 1큰술, 마늘 1작은술, 조청 1작은술
- **비트 무 단촛물** : 양조식초 반 컵, 맛술 2큰술, 설탕 2큰술, 토판염 1/2작은술
- **도시락에 함께 싸줄 밑반찬** : 우엉조림, 우엉채볶음, 멸치볶음, 계란말이, 오이장아찌

이렇게 만들어요

1 양파 1/4쪽을 잘게 다져서 달구어진 프라이팬에 현미유 1작은술을 두르고 센 불에서 토판염 2꼬집을 넣고 재빨리 볶아내줍니다.

2 달구어진 프라이팬에 현미유를 조금 두르고 다진 소고기를 보슬보슬하게 볶아줍니다. 분량의 양념장을 넣고 양념장이 자작해질 때까지 볶아줍니다.

3 1의 양파와 2의 볶은 소고기를 함께 넣고 열기가 있는 흑미밥을 넣어 밥알이 고슬고슬해질 때까지 센 불에서 볶아내줍니다.

4 튀김유부는 끝부분을 가위로 잘라내고 밀대로 밀어줍니다.

5 끓는 물에 4의 유부를 넣고 2~3분 정도 국자로 눌러가면서 기름을 빼주고 찬물에 헹구어 물기를 짜줍니다. 분량의 조림장을 냄비에 붓고 물기를 제거한 유부를 넣어 조림장이 스며들도록 약한 불에서 조려줍니다.

6 5의 유부는 여분의 수분을 가볍게 짜내고 반으로 접어 한 김 식힌 3의 밥을 채워줍니다.

7 분량의 단촛물을 냄비에 붓고 팔팔 끓기 시작하면 불을 끄고 한 김 식혀 비트 약간, 무를 얇게 썰어 고운 색이 나도록 하루 정도 냉장 보관합니다.

8 7의 비트물이 든 무는 키친타월로 수분을 제거하고 가늘게 채를 썰어줍니다.

9 6의 유부밥에 8의 비트를 올려주면 완성입니다.

마지막에 참기름 1작은술과 모자라는 간은 토판염을 1꼬집 넣어 마무리합니다.

공기가 빠지면서 주머니 형태가 됩니다.

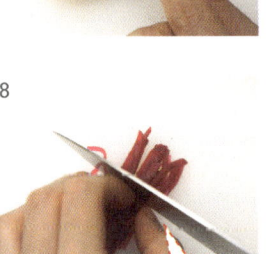

비트 무 초절임이 없으면 단무지를 가늘게 채를 썰어 올려주셔도 좋아요.

감기 몸살엔
간장비빔밥과 버섯계란찜

총 380kcal

간장과 마가린, 참기름으로 비벼먹던 추억의 간장비빔밥

어렸을 때 열이 나거나 감기에 걸렸을 때, 꼭 할머니께서는 찬장에 숨겨놓았던 복숭아 통조림과 간장비빔밥을 만들어주셨어요. 신기하게도 뜨거운 밥에 마가린 한 수저, 진간장과 참기름 한 방울만 넣고 쓱쓱~ 비볐는데 어쩜 그렇게 꿀맛인지 정말 행복한 맛이었어요. 어떤 맛일지 조금은 상상이 가시나요? 감기 기운이 있는 날 보들보들한 버섯계란찜과 간장비빔밥으로 힘내세요.

재료(2인 기준 레시피)

- 간장비빔밥 : 공기밥 한 그릇, 무염버터 1작은술, 참기름, 통깨, 검정깨, 김밥용 김
- 버터조림장 : 맛간장 2큰술, 맛술 1큰술, 조청 1작은술, 무염버터 1큰술
- 버섯계란찜 : 계란 1개, 다시마물 반 컵, 맛술 1작은술, 새우젓 1/2작은술, 백일송이버섯, 애느타리버섯, 새송이버섯, 데친 완두콩
- 도시락에 함께 싸줄 밑반찬 : 심심한 소고기 미역국, 볶은 당근

이렇게 만들어요

1 준비한 계란 1개를 풀어 체에 한 번 걸러주세요.

2 계란 1개에 다시마물 6큰술(종이컵 반 컵) 비율로 섞어줍니다.

3 새송이버섯, 백일송이버섯, 애느타리버섯은 갓 부분만 잘라서 준비합니다.

4 앞에서 체에 걸러준 계란에 분량의 다시마물과 새우젓 1/2작은술, 맛술 1작은술을 넣고 갓 부분만 잘라 준비한 버섯을 넣어줍니다.

5 쿠킹호일을 감싸 젓가락으로 4~5개의 구멍을 내주고 냄비에 그릇이 잠길 정도의 물을 붓고 물이 끓기 시작하면 약한 불에서 15분 정도 중탕합니다.

6 맛간장 2큰술, 맛술 1큰술, 무염버터 1큰술, 조청 1작은술을 넣고 와르르 끓여 약간 농도가 있게 졸여줍니다. 이 소스가 밥에 넣을 진간장이 됩니다.

7 한 김 식힌 밥에 6의 간장 1큰술, 버터 1작은술, 참기름, 검정깨, 참깨를 넣어줍니다. 서로 아우러지도록 비벼서 둥글게 뭉쳐 동그란 모양을 만들어 주세요.

8 간장비빔밥을 먹을 사람의 이미시를 생각해 힘내라는 메세지를 표현할 개릭디를 잘라줍니다.

9 7의 밥에 마요네즈를 살짝 발라줍니다.

10 8의 머리와 눈, 코, 입을 붙여 드실 분의 웃는 얼굴을 상상하면서 행복하게 만들어줍니다.

버섯계란찜은 버섯에서도 충분한 수분이 나오니 기호에 맞춰 다시마물을 조절합니다.

좀 더 부들부들한 계란찜을 원하면 다시마물을 1큰술 더 추가합니다.

버섯의 종류는 무엇이든 다 좋습니다.

난 김치볶음밥을 잘 만드는 여자
김치볶음밥 오므라이스

총 480kcal

희망사항

중학교 1학년 때 변진섭씨의 '희망사항'이라는 곡이 대 유행을 한적이 있었어요. 그 노래 가사 중에 "김치볶음밥을 잘 만드는 여자~" 라는 가사가 나옵니다. 4천만이 좋아하는 볶음밥이기도 하지만 누가 만들어도 맛이 좋은 김치볶음밥을 조금은 화려하게 노란 계란 옷과 꽃모양을 만들어 멋을 주었어요. 왜냐구요? 남자친구가 먹을 거라서요. 희망사항 노래에 나오는 가사처럼 김치볶음밥을 잘 만드는 여자가 되어 사랑하는 사람에게 선물해보세요.

재료(2인 기준 레시피)

- 김치볶음밥 : 공기밥 한 그릇, 신김치 조금, 다진 당근 양파 1큰술씩, 새우 5~6마리, 토판염 3꼬집, 후추 조금, 현미유 1큰술, 체다치즈 1장, 데친 완두콩
- 계란물 : 계란 2개, 맛술 1작은술, 토판염 2꼬집
- 도시락에 함께 싸줄 밑반찬 : 야채피클, 홍새우볶음, 멸치볶음, 맑은 콩나물국, 데친 퀄리플라워, 방울토마토

이렇게 만들어요

1 당근과 양파는 먹기 좋게 잘게 썰고 신김치는 가볍게 한 번 씻어 송송 썰어 준비합니다.

2 냉동된 칵테일 새우는 냉장 해동하여 꼬리 부분을 제거해 준비해줍니다.

3 달구어진 프라이팬에 현미유 1큰술을 두르고 1, 2의 김치와 야채, 새우를 넣고 센 불에서 토판염 3꼬집, 후추 약간을 넣고 2~3분 볶아주세요. 열기가 있는 밥을 넣고 밥알이 보슬보슬해질 때까지 센 불에서 볶아줍니다.

4 오목한 그릇에 3의 볶음밥을 꾹꾹 눌러 담아줍니다.

5 분량의 계란물을 풀어 체에 한 번 걸러줍니다.

6 달구어진 프라이팬에 손을 올려 열을 체크합니다. 열기가 훈훈하게 올라올 때 아주 약한 불로 만들어 주고 현미유를 가볍게 발라주세요.

7 5의 계란물을 붓고 수분이 날아가지 않도록 뚜껑을 닫고 서서히 익혀줍니다.

8 랩을 도마 위에 깔아 7의 계란을 올리고 4의 볶음밥을 중앙에 넣고 랩으로 감싸줍니다.

9 계란에 열기가 있을 때 오므라이스의 모양을 타원형으로 만들어주세요.

10 쿠키 틀을 이용하여 치즈를 찍어줍니다. 9에서 만든 오므라이스의 랩을 벗기고 도시락 통에 넣어줍니다. 데친 완두콩을 오므라이스에 살짝 꽂아주고, 꽃 모양이 되도록 10의 치즈를 올려줍니다.

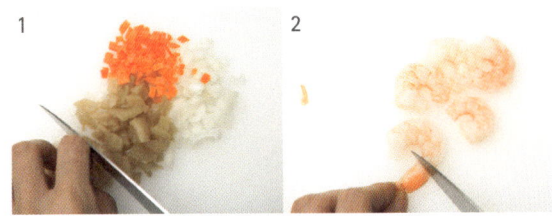

담음새가 촌스러운
단정한 삼색도시락

총 420kcal

재료(2인 기준 레시피)

- 시금치나물 : 공기밥 1공기, 시금치 한줌, 토판 3꼬집, 조선간장 1작은술, 참기름 1작은술, 마늘 약간
- 계란스크램블 : 계란 1개, 토판염 2꼬집, 맛술 1큰술
- 볶음고기 : 다진 소고기 50그램, 맛간장 1큰술, 조선간장 1작은술, 맛술 1큰술, 생강술 1큰술, 조청 1큰술, 마늘 1작은술, 후추 약간

이렇게 만들어요

1 시금치는 밑동을 다듬고 깨끗이 씻어 끓는 물에 소금 1작은술을 넣고 살짝 데쳐 찬물에 헹구어줍니다.

2 물기를 꽉 짠 시금치는 먹기 좋은 크기로 잘게 썰어서 준비합니다.

3 토판염 3꼬집, 참기름 1작은술, 조선간장 1작은술, 마늘을 조금 넣고 조물조물 무쳐줍니다.

4 달구어진 후라이팬에 현미유를 조금 두르고 다진 소고기를 보슬보슬 볶아줍니다. 분량의 양념장을 넣고 양념장이 자작해질 때까지 볶아줍니다.

5 계란물을 만들어 체에 한 번 걸러줍니다.

6 달구어진 후라이팬에 기름을 조금만 두르고 5의 계란물을 부어 중간 불에서 젓가락으로 저어가면서 스크램블을 부드럽게 만들어줍니다.

7 도시락통에 밥을 넣고 중앙에 볶아놓은 소고기를 먼저 안정감 있게 올려줍니다.

8 나머지 시금치나물과 계란 스크램블을 올려 완성합니다.

고기는 돼지고기, 닭고기 모두 가능합니다.

노란색이 나는 색감은 단무지를 잘게 채를 썰어 사용해도 좋아요.

광해군이 사랑한
잡채김밥

총 350kcal

광해군의 잡채 사랑

광해군(1575~1641)의 일기를 보면 잡채를 잘 만들어 판서 벼슬에 오른 사람이 있다고 해요. 조선 중기의 문신인 이충은 궁중에 잡채를 받쳤는데 임금은 식사 때마다 이충의 집에서 만들어 들여오는 음식을 기다렸다가 수저를 들었다고 해요. 그 덕분인지 이충은 광해군 때 벼슬이 호조판서에까지 이르렀다고 해요. 제가 임금에게 잡채를 바친다면 잡채김밥을 만들어 드리겠어요. 그럼 이충 대신 광해군의 사랑을 듬뿍 받는 신하가 되었겠죠!

재료(2인 기준 레시피)

- 김밥 : 공기밥 1공기, 김밥용 김
- 잡채 : 당면 두 줌, 계란 1개, 당근 조금, 양파 1/4, 어묵, 맛살, 시금치 한 줌, 목이버섯 조금,
- 잡채 양념장 : 맛간장 3큰술, 조선간장 1큰술, 맛술 1큰술, 조청 1큰술, 마늘 1작은술, 토판염 1작은술, 후추, 참기름 1큰술, 현미유 2큰술
- 도시락과 함께 싸줄 밑반찬 : 꽈리고추볶음, 곤약조림, 콩자반, 계란말이, 방울토마토

이렇게 만들어요

1 시금치 밑동을 다듬고 깨끗이 씻어 끓는 물에 소금 1작은술을 넣고 살짝 데쳐 찬물에 헹구어 물기를 꽉 짜주세요. 빈 볼에 데친 시금치, 참기름과 마늘 조금, 토판염 2꼬집을 넣고 조물조물 무쳐주고

2 양파와 당근은 가늘게 채를 썰어 달구어진 프라이팬에 현미유 조금 두르고 센 불에서 토판염 2꼬집을 넣고 숨이 죽을 정도만 제빨리 볶아내주세요.

3 사각어묵은 뜨거운 물에 한 번 데치고 목이버섯은 미지근한 물에 불려 어묵과 함께 채를 썰어줍니다. 달구어진 프라이팬에 현미유를 약간 두르고 중간 불에서 1~2분 정도 볶습니다.

4 당면은 미지근한 물에 30분 정도 불려 물기를 빼고 프라이팬에 넣어 분량의 양념장을 넣고 간이 베이도록 볶아줍니다.

5 가늘게 찢은 4의 맛살을 넣고 1의 시금치와 2의 볶아 놓은 야채를 함께 넣고 불을 꺼줍니다. 남아있는 열기로 재료가 아우러지도록 뒤적여줍니다.

6 계란 2개에 토판염 2꼬집을 넣고 계란물을 만들어 계란지단을 만들어줍니다.

7 흰 김 식힌 밥은 맨 앞쪽에 가지런히 올려주고

8 7의 밥을 살짝만 말아줍니다.

9 계란지단을 깔고 잡채를 듬성듬성 올려줍니다.

10 김밥을 싸듯이 말아주고 들기름을 살짝 발라 10분 후 잘라주면 됩니다.

시간이 지나도 불지 않도록 참기름 1큰술을 넣고 센 불에서 재빨리 볶아주세요.

잡채김밥은 밥을 소량만 넣는 것이 포인트입니다.

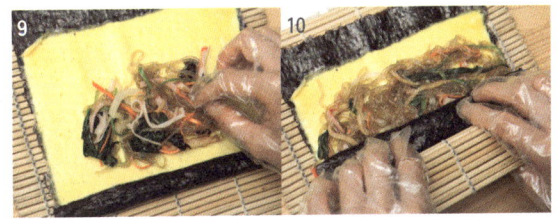

도시락의 지존
양은도시락

총 490kcal

재료(2인 기준 레시피)

- 도시락 : 공기밥 1공기, 생협 소세지, 부침용 두부, 맛살, 계란 1개, 토판염 조금, 현미유 1큰술, 계란물
- 도시락에 함께 싸줄 밑반찬 : 김치, 콩자반

 이렇게 만들어요

1 부침용 부두는 키친타월로 물기를 제거하여 도톰하게 썰어 토판염 2꼬집을 뿌려 밑간을 합니다.

2 어묵과 햄, 맛살은 먹기 좋은 크기로 잘라줍니다.

3 달구어진 프라이팬에 밑간 해준 두부와 잘라놓은 어묵, 햄, 맛살 등의 재료들을 계란물에 묻혀 중간 불에서 노릇하게 지져내줍니다.

4 달구어진 프라이팬에 현미유 1큰술을 두르고 노른자가 깨지지 않도록 계란을 조심스럽게 깨뜨려줍니다. 23쪽의 계란 프라이 쉽게 만드는 방법을 참고하세요.

5 수분이 날아가지 않도록 뚜껑을 닫고 천천히 익혀줍니다. 반숙으로 드실 분은 이 상태에서 불을 끄고 미열로 익혀주고, 완숙으로 드실 분은 2~3분 더 익혀주면 됩니다.

계란 가장자리가 하얗게 익기 시작하면 약한 불로 낮추어줍니다.

일회용 케첩이 있으면 도시락을 쌀 때 살짝 챙겨주세요.

내 생애 첫 도시락

내 생애 첫 도시락 반찬은 분홍 소시지에 달걀옷을 입혀 노릇하게 구운 소시지 반찬입니다. 가끔은 노란 치즈에 살캉거리는 계란 프라이도 올려주셨죠. 별것도 아닌데 왜 그리도 맛이 있는지, 점심시간은 어쩜 그리도 느림보 같은지……

내 도시락 통은 양은 도시락은 아니지만 핑크색 토끼 그림이 그려진 플라스틱 도시락이었어요. 왜 그리도 밀폐력이 떨어졌는지, 반찬 국물이나 김칫국물이 자연스럽게 흐르는 도시락이었죠. 우리 엄마 아빠는 양은 도시락에 싸서 다녔다는데 겨울에 장작 난로에 올려 누룽지까지 만들어 먹었다고 해요. 도시락의 지존은 역시 양은 도시락이죠. 저는 음식 이야기나 밥에 대한 이야기 하는 것을 너무 좋아해요. 그런 이야기를 듣고 있노라면 맛과 더불어 음식에 얽힌 추억도 맛볼 수 있잖아요.

PART.7

편식이 심한 아이! 이야기가 있는 요리로 맛있게 먹기!

기대수명은 늘어나고 있지만 식생활이 서구화되고 아이들이 인스턴트식품을 많이 먹게 되면서 예전에 크게 신경 쓰지 않았던 어린이 성인병이 최근 몇 년간 급속히 증가하고 있다고 해요. 특히 최근에는 소아의 성인병 발병률도 급증하고 있어 사회적인 문제가 되고 있다고 하네요. 어린이 성인병을 예방하기 위해서는 어린 시절 식습관과 교육이 중요합니다. 한 번 길들여진 입맛을 바꾸려면 굉장한 시간과 노력이 필요하거든요. 그래서 성장기 시절부터 싱겁게 먹는 습관, 거친 음식과 채소를 즐길 수 있는 입맛을 만들어 주는 것이 엄마가 아이에게 주는 소중한 선물이 아닐까요?

어른들이 건강에 관한 정보를 접할 기회가 많아지면서 어른들을 위한 건강 수칙들을 어린 아이에게도 똑같이 적용시키는 경우가 있는데, 한창 자라는 아이들에게 필요한 성분과 성장이 끝난 어른이 필요로 하는 성분은 많이 다르답니다. 대표적인 것이 고기인데요. 육류의 단점들이 부각되면서 고기를 멀리하는 사람들도 많지만 어린이에게 고기는 필수적입니다. 육류의 단백질은 아이의 성장판을 자극하여 키 성장을 돕고 뼈를 단단하게 만들어줍니다. 고기는 양질의 단백질 공급원이며 아이들의 성장 발육에 필수 조건인 필수 아미노산을 함유하고 있는 식품입니다. 고기를 조리할 때 아이들이 먹기 편하도록 곱게 갈아 묽은 형태로 만드는 경우가 있는데 이렇게 조리하면 흡수가 매우 빨리 이루어져 인슐린이 많이 분비된다고 합니다. 이는 곧, 소아 당뇨병의 확률을 높이는 길입니다. 가능한 통째로 씹어 먹고, 갈더라도 너무 곱지 않게 잘게 다져서 덩어리가 남아있도록 아이들에게 맞춤형 식단을 선물하는 것이 어른들의 몫이 아닐까요?

알고 보면 사랑스런 매력을 가진
호랑이주먹밥

총 320kcal

효자 도효자 이야기

효성이 지극한 경북 예천에 살던 조선 철종 때 사람 도효자의 병난 어머니가 5, 6월 초여름에 홍시를 찾았어요. 도효자는 아무리 해도 홍시를 구할 길이 없어, 혹시 산속 감나무에 달린 홍시가 없나 산에 갔다가 날이 저물었어요. 그런데 갑자기 큰 호랑이 한 마리가 나타나 길을 가로 막고는 자기 등에 타라는 시늉을 하였어요. 도효자는 무슨 곡절이 있는 줄 알고 호랑의 등에 타니 쏜살같이 산속을 달려 새벽 한 시쯤 어떤 외딴집 앞에 내려주었어요. 등불에 비치는 집을 찾아가니 마침 그 집에서 제사를 지낸 중이었는데 제상에는 홍시가 있었어요. 주인은 도효자의 효성에 감동해 홍시를 주었고, 밖에 나오니 호랑이는 아직도 기다리고 있었어요. 집에 돌아온 그는 어머니에게 홍시를 드렸고 어머니는 다시 건강해져서 오래 살았다고 해요. 호랑이는 곶감을 무서워하는 맹한 동물인줄 알았는데 이야기를 들으면 아주 감동적이고 덩치에 비해 사랑스런 매력을 가지고 있는 귀여운 호랑이네요. 너무 귀엽고 사랑스러워서 어흥~ 하고 도시락 통에서 금방이라도 뛰어나올 것 같아요.

재료(2인 기준 레시피)
- 호랑이주먹밥 : 공기밥 1공기, 김밥용 김, 마요네즈, 미니 소시지, 파스타면, 밑반찬(멸치볶음, 김자반)
- 도시락에 함께 싸줄 밑반찬 : 계란말이, 방울토마토, 오렌지주스, 당근 피클

이렇게 만들어요

1. 한 김 식힌 밥에 국민 밑반찬 멸치조림과 김자반을 1:1 비율로 섞어 밥 안에 넣고 송편 빚듯이 밥을 감싸 둥글게 모양을 만들어줍니다.

2. 가능한 내용물이 보이지 않도록 살포시 감싸주고 손목에 힘을 빼고 밥알이 뭉쳐지지 않도록 조심스럽게 뭉쳐줍니다.

3. 호랑이 모양은 동화책을 보셔도 좋고 애니메이션 만화책을 참고해도 좋아요. 아이들과 의논하여 우선 발바닥을 표현할 김 모양을 잘라주세요.

4. 호랑이 발바닥은 작은 달걀보다 조금 작게 만들어 밥의 곁면에 마요네즈를 살짝 바르고 발바닥에 3의 잘라놓은 김을 붙여줍니다.

5. 생협에서 파는 국산 돼지고기로 만든 햄으로 귀 모양을 표현합니다. 미니 햄은 2센치 간격으로 잘라 준비합니다. 2의 밥에 마요네즈를 살짝 발라줍니다.

6. 호랑이주먹밥의 하이라이트는 수염과 호랑이 특유 얼룩무늬를 잘라줍니다.

7. 모양펀치를 이용하여 호랑이의 입과 눈을 잘라줍니다.

8. 1의 주먹밥에 마요네즈를 살짝 바르고 7의 김을 붙여줍니다.

9. 파스타면을 양쪽 귀에 꽂아줍니다.

10. 2cm 간격으로 잘라둔 햄을 꽂아 귀 모양을 만들어줍니다.

당근 밭으로 간
당근형제주먹밥과 시금치두부전

총 280kcal

당근 형제 이야기

어느 날 감자 형제의 가출 사건이 있었어요. 사춘기에 접어든 감자 형제가 엄마에게 "엄마 나 감자 맞아?" 라고 물어 보자, 엄마 감자가 "당근이지." 했더니 감자 형제는 너무 큰 충격을 받고 "내가 당근이라고?" 하면서 당근 밭으로 갔다는 초등학교 3학년의 창작 동화였어요. 알고 보면 우리가 먹는 당근은 감자인지도 모르죠. 조금은 썰렁하고 엉뚱하지만 아이들의 생각을 존중하면서 만들어 본 당근형제주먹밥입니다. 당근을 싫어하는 아이들이 조금 친하게 접할 수 있는 좋은 기회이기도 하구요.

재료(2인 기준 레시피)

- 당근형제주먹밥: 공기밥 1공기, 김밥용 김, 당근, 마요네즈, 파스타면, 현미유, 토판염 조금
- 시금치두부전: 데친 시금치 한 줌, 단단한 두부 1/4모, 새우살 조금, 밀가루 1큰술, 계란 1개, 토판염 1/2작은술, 현미유 2큰술
- 도시락에 함께 싸줄 밑반찬: 복숭아, 방울토마토, 계란말이, 당근 피클

이렇게 만들어요

1 당근은 쿠키 틀을 이용하여 3센티 높이의 귀 모양을 3개 정도 만들어줍니다.

2 눈 모양과 스마일한 입 모양을 가위로 잘라주세요.

3 한 김 식힌 밥을 둥글게 뭉쳐 모양을 예쁘게 잡아주고 붓을 이용해 마요네즈를 살짝 발라 곁면에 살짝 코팅해줍니다.

4 마요네즈를 살짝 발라 코팅해준 3의 밥에 핀셋을 이용해 눈을 붙이고 파스타면에 1의 당근 코를 꽂아 밥에 올려줍니다.

5 전체적인 균형을 확인하면서 스마일한 입도 붙여줍니다. 김이 공기와 접촉하여 눅눅해지지 않도록 랩으로 한 번 싸줍니다.

6 1의 당근 귀를 파스타면을 이용해 귀에 꽂아주면 당근형제주먹밥이 완성됩니다.

7 두부 1/4모는 으깨어주고, 데친 시금치는 쫑쫑 썰고, 칵테일 새우는 듬성듬성 씹는 맛이 나도록 다져줍니다. 빈 볼에 밀가루 1큰술, 계란 1개, 토판염 1/2작은술을 넣어 치대어 반죽해줍니다.

8 7의 시금치두부전 반죽을 동그랑땡 모양으로 빚어주세요.

9 달구어진 프라이팬에 현미유 2큰술을 두르고 중간 불에서 앞, 뒤로 노릇하게 구워줍니다.

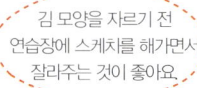

여자 아이를 위한
계란초밥과 햄초밥

총 380kcal

친구의 딸 생일날 유치원 친구들과 함께 나누어 먹는다고 해서 특별히 만들어 본 도시락입니다. 그런데 남자 아이, 여자 아이 상관없이 도시락을 싸서 주었더니 친구 딸 아이의 말 "이모!! 여자 아이는 핑크를 좋아하고, 남자 아이는 싫어해!!" 아마도 남자 아이들이 핑크색 리본 모양과 노란 계란 리본을 보고 싫어한 모양이에요. 어린이라도 남자는 남자만의 세상이 있나 봐요. 엄마는 남자 아이의 의견을 받아들여 여자를 상징하는 리본이나 핑크색은 살짝 피해주는 것이 좋겠죠~

재료(2인 기준 레시피)

- 계란초밥, 햄초밥 : 공기밥 1공기, 김밥용 김, 부추나 쪽파, 생협 햄, 현미유, 계란 2개, 맛술 1큰술, 토판염 2꼬집
- 도시락에 함께 싸줄 밑반찬 : 잔 멸치 볶음, 무 피클, 데친 새우

이렇게 만들어요

1. 달걀 2개, 맛술 1큰술, 토판염 2꼬집을 넣고 저어 체에 한 번 걸러줍니다. 달구어진 계란말이용 프라이팬에 현미유를 가볍게 바르고 여분의 기름은 키친타월로 닦아주면서 아주 약한 불에서 계란을 도톰하게 부쳐줍니다.
2. 1의 도톰하게 부쳐낸 계란은 한 김 식혀서 꽃 모양 쿠키틀로 가볍게 찍어 준비합니다.
3. 2의 계란 꽃처럼 햄도 같은 모양으로 찍어줍니다. 달구어진 프라이팬에 현미유를 살짝 두르고 꽃모양 햄을 앞뒤로 노릇하게 구워내 줍니다.
4. 미니 김밥용 틀로 스시용 밥을 만들어줍니다. 밥을 너무 꾹꾹 누르는 것보다 지긋이 가볍게 눌러주어야 밥알이 포실포실 살아 씹는 식감이 좋아요.
5. 4의 밥을 한입 크기로 잘라줍니다.
6. 구운 햄과 밥을 묶어줄 김밥용 김을 가늘게 잘라 준비합니다.
7. 5의 밥 위에 구운 햄을 올리고 잘라놓은 김밥용 김으로 묶어 김밥 매듭 끝에 물을 묻혀 이어줍니다.
8. 5의 밥 위에 계란 꽃을 올려 데친 부추나 쪽파로 묶어주고 도시락 통에 넣어줍니다.

김밥용 틀이 없으면 손으로 작게 쥐어서 한입 크기로 만들어 주어도 좋아요.

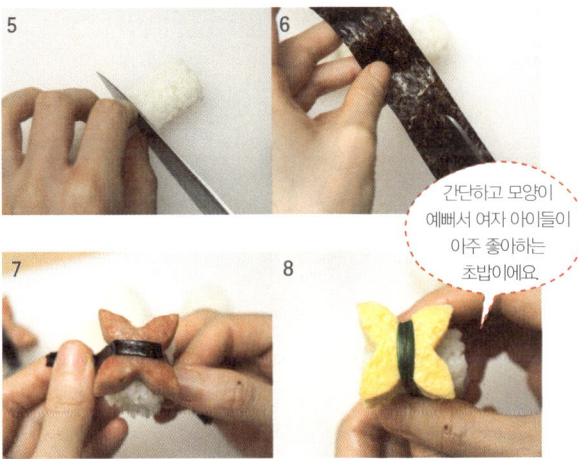

간단하고 모양이 예뻐서 여자 아이들이 아주 좋아하는 초밥이에요.

화해해요
오누이주먹밥

총 380kcal

이 세상에 둘도 없는 오누이, 형제, 자매가 많은 집은 편먹고 싸우기도 하고 오빠와 싸우기도 하고 언니랑 싸우기도 하죠. 물론 전 초등학교 때 언니랑 많이 싸웠던 거 같아요. 특별히 무엇 때문에 싸웠는지는 기억이 나지 않지만 언제 그랬냐는 듯이 사이 좋게 지내긴 했지만 동생이나 오빠 언니와 싸웠다면 사이 좋게 주먹밥을 만들어보면 어떨까요? 세월이 지나도 두고 두고 추억과 함께 무럭무럭 자랄거에요.

재료(2인 기준 레시피)
- 오누이주먹밥 : 공기밥 1공기, 김밥용 김, 당근, 마요네즈, 파스타면, 단단한 두부 1/4모, 다진 소고기 100그램, 토판염 1꼬집
- 소고기 양념 : 맛간장 1큰술, 조선간장 1작은술, 마늘 조금, 맛술 1큰술, 생강술 조금, 조청 1큰술
- 도시락에 들어간 밑반찬 : 생협 햄구이, 당근 피클, 계란말이, 두부소보로

이렇게 만들어요

1. 두부는 으깨어 면보로 물기를 꽉 짜줍니다. 달구어진 프라이팬에 현미유 1작은술을 두르고, 으깬 두부, 토판염 1꼬집을 넣고 보슬보슬하게 볶아줍니다.

2. 달구어진 프라이팬에 현미유 1작은술을 둘러 다진 소고기가 익을 때까지 볶다가 분량의 양념장을 넣고 양념장이 자작해질 때까지 볶아줍니다.

3. 볶아준 고기에 1의 두부를 넣고 재료가 아우러지도록 1분 정도 더 볶아줍니다.

4. 갓 지은 밥은 한 김 식히고 3의 두부소보로를 1큰술 넣고 송편을 빚듯이 내용물이 보이지 않도록 둥글게 모양을 잡아주세요.

5. 밥알이 뭉게지지 않도록 손목에 힘을 빼고 살포시 모양을 잡아줍니다.

6. 엄마와 함께 아이들의 특징을 살려 그림을 그려 김 위에 올려보고 대략적인 크기만 잘라줍니다.

7. 단발머리 소녀의 앞머리를 가위로 디테일하게 잘라줍니다. 5의 밥에 마요네즈를 겉면만 살짝 발라 김이 눅눅해지지 않도록 합니다. 단발머리를 붙여줍니다.

8. 당근이니 치즈로 볼을 만들이 붙입니다. 김 펀치니 가위를 이용하여 눈 모양도 잘라 붙입니다.

9. 햄을 얇게 썰어 사용하거나 계란지단을 만들어 하트 모양 핀을 만들어줍니다.

10. 9의 하트 핀을 붙여 랩을 감싸고 도시락 통에 넣어주면 아이들에게 아주 좋은 선물이 됩니다.

이것이 오누이의 얼굴 모양이 됩니다.

남자 머리는 짧게 하고 여자 아이는 좀 길게 잘라줍니다.

참 괜찮은 친구
참치마요 토끼주먹밥

총 390kcal

토끼 이야기

친구들에게 늘 느림보라 따돌림 받는 거북이가 가엾어 경주를 신청한 토끼는 경주를 하다가 거북이가 지나가기를 기다렸습니다. 그러나 토끼는 깜박 잠이 들어버렸죠!! 마침내 거북이가 승리했어요. 거북이는 친구들에게 끈기의 영웅이 되었고 토끼는 거북이에게도 진 교만의 표본이 되었지만 토끼는 즐거웠습니다. 거북이가 친구들 사이에서 함께 놀 수 있었기에……. 어른들의 눈높이에선 너무 시시한 이야기이지만 아이들에게는 좋은 교훈과 토끼를 새롭게 볼 수 있는 계기가 되었죠.

재료(2인 기준 레시피)

- 주먹밥 : 공기밥 1공기, 김밥용 김, 마요네즈 조금, 파스타면
- 참치마요 : 캔참치 1캔, 다진 양파 2큰술, 현미유 1큰술, 토판염 1작은술, 까나리 액젓 1/2작은술, 설탕 1큰술, 마요네즈 2큰술
- 맛살계란말이 : 계란 2개, 토판염 3꼬집, 맛술 1큰술, 현미유, 맛살
- 도시락에 함께 싸줄 밑반찬 : 호두조림, 땅콩조림, 데친 새우

이렇게 만들어요

1. 달구어진 프라이팬에 현미유 1작은술을 두르고 다진 양파 2큰술을 먼저 볶다가 물기를 제거한 참치를 넣고 보슬보슬하게 볶아줍니다.
2. 토판염 1/2작은술, 까나리 액젓 1/2작은술, 설탕 1큰술을 넣고 1~2분 더 볶아주고 한 김 완전히 식혀줍니다.
3. 한 김 식힌 밥에 2의 참치마요를 1큰술 정도 넣고 송편 빚듯이 밥 모양을 둥글게 뭉쳐줍니다.
4. 3의 밥에 붓으로 마요네즈를 살짝 발라줍니다.
5. 김 펀치로 토끼의 눈을 찍어주고 코와 입은 연습장에 여러 번 그려보아 가위로 예쁘게 잘라주세요. 4의 밥에 전체적인 밸런스를 맞추어 가면서 눈, 코, 입을 안정감 있게 붙여줍니다.
6. 맛살을 이용하여 토끼의 양쪽 볼을 표현할까 합니다.
7. 토끼의 볼에 맛살을 붙여주면 제법 산속에서 뛰어나올 것 같은 토끼 모양이 나옵니다.
8. 달구어진 계란말이 팬에 계란물 3큰술을 붓고 약한 불에서 1/3 정도 익으면 맛살을 올려 돌돌 말아주는 과정을 2번쯤 하면 도톰한 맛살 계란말이 완성.
9. 9의 계란말이를 완전히 식힌 후 3센치 간격으로 잘라서 토끼의 상징인 귀를 만들어줍니다.
10. 한 김 식힌 9의 맛살계란말이는 파스타면으로 양쪽 귀에 꽂아 토끼 주먹밥을 완성합니다.

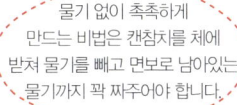

무서운 이야기
장화홍련 굴비살주먹밥

총 320kcal

장화홍련 이야기

장화와 홍련이네 집에 어머니가 돌아가시고 새엄마로 들어온 허씨는 마음이 아주 고약하여 장화에게 죄를 씌워 연못에 빠져 죽도록 합니다. 동생 홍련이도 언니가 죽은 것을 알고는 그 연못에 빠져 죽고 말죠. 죽은 홍련은 혼이 되어 원님 앞에 나타나 자기들의 억울한 사정을 이야기합니다. 원님은 이 모든 일이 허씨라는 새 엄마가 꾸민 것임을 알고 자매의 한을 풀어주는 이야기입니다. 무더운 여름날 아이들과 장화홍련 이야기로 이불 속에서 더 가까워지는 것은 어떨까요?

재료(2인 기준 레시피)

- 굴비살주먹밥 : 굴비 2마리, 공기밥 1공기, 들기름 1큰술, 김밥용 김, 마요네즈, 파스타면, 아이들이 좋아하는 햄, 맛살
- 도시락에 함께 싸줄 밑반찬 : 계란말이, 무피클, 콩자반

이렇게 만들어요

1 냉동된 굴비는 쌀뜨물에 2시간 정도 담가 짠 염분기와 생선 비린내를 제거하고 생선 비늘이 잘 벗겨지도록 담가줍니다.

2 칼등으로 굴비 비늘을 벗겨주고 물기를 닦아 오븐이나 프라이팬에 구워 하얀 속살만 발라내줍니다.

3 한 김 식힌 밥에 들기름 1큰술, 발라낸 굴비살을 넣고 앞뒤로 뒤적여 섞어줍니다.

4 들기름과 굴비살을 넣어 뒤적여준 밥을 둥글게 만들어 모양을 잡아 2개를 만들어줍니다.

5 맛살은 붉은색 부분만 결대로 살짝 벗겨줍니다.

6 앞에서 만들어준 밥의 크기를 생각하여 결대로 잘라준 맛살을 6센티 정도 길이로 잘라 맛살이 서로 교차하도록 머리에 올리고 파스타 면으로 꽂아 고정시켜 줍니다.

7 햄을 얇게 썰어줍니다.

8 얇게 썰어준 햄을 파스타면으로 양 볼에 꽂아 붙여줍니다.

9 김 펀치나 가위로 김밥용 김을 오려 눈을 만들어 붙여줍니다.

이것이 장화홍련 자매의 얼굴이 될 거예요.

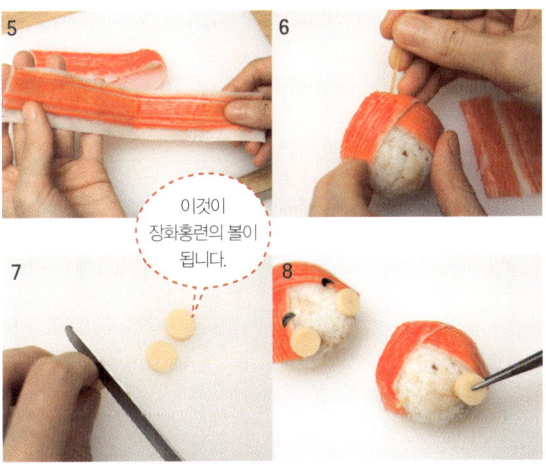

이것이 장화홍련의 볼이 됩니다.

Tip 도시락 예쁘게 싸는 법
모처럼 예쁘게 싼 주먹밥을 도시락 통에 넣을 때는 뚜껑을 닫았을 때 내용물이 다치지 않도록 도시락의 깊이가 깊은 것을 선택하고 이동을 할 때 모양이 변형되지 않게 과일이나 계란말이를 빈 공간에 채워줍니다.

한입에 들어가는
새콤달콤한 유부초밥

총 350kcal

아이들에 입 크기에 맞춰주세요.

아이들의 입은 어른들이 생각하는 것보다 너무 작습니다. 어른들의 간식을 작게 잘라서 주는 것보다 처음부터 어린이를 위해 간식을 만들고 아이의 입에 쏘옥~ 들어가게 만들어야 합니다. 그러고 보니 미니 김밥은 있는데, 미니 유부초밥은 없네요. 밥알을 아주 조그마하게 한입에 쏘옥~ 들어가도록 만들어 아이에게 선물하세요. 작은 일에도 기뻐하고 한입에 들어가는 성공의 기쁨을 맛볼 수 있도록 엄마의 정성이 들어간 도시락으로 맛볼 수 있는 기회를 자주 주세요.

재료(2인 기준 레시피)

- 유부초밥 : 튀김 유부 3장, 공기밥 1/3, 체다 치즈 1장, 비트 조금, 쿠키들
- 단촛물 만들기 : 양조식초 반 컵, 맛술 2큰술, 설탕 2큰술, 토판염 1/2 작은술
- 유부 조림장 : 다시마물 반 컵, 맛간장 3큰술, 맛술 2큰술, 조선간장 2큰술, 조청 2큰술, 토판염 2꼬집
- 도시락에 함께 싸줄 밑반찬 : 우엉잔멸치볶음, 포도, 데친 새우, 생협 햄구이, 자몽주스

이렇게 만들어요

1 분량의 단촛물에 팔팔 끓인 후 한 김 식혀 비트 약간을 채 썰어 넣고 색을 곱게 내줍니다. 하나는 비트를 넣어 붉은색을 내주고, 하나는 투명으로 만들어 2가지 색이 되도록 합니다.

2 밥을 한꺼번에 비비지 말고 조금씩 덜어가면서 단촛물을 붓고 비벼줍니다. 비트물 초밥 하나 일반 초밥 하나를 만들어줍니다.

3 한입에 들어갈 수 있게 랩으로 밥을 아주 작게 만들어 모양을 잡아줍니다.

4 튀김유부를 구입하여 주머니 모양이 되도록 끝부분을 가위로 잘라줍니다.

5 4의 유부를 밀대로 밀어줍니다. 그러면 안이 열려서 주머니 형태가 됩니다.

6 끓는 물에 4의 유부를 넣고, 2~3분 정도 국자로 눌러가면서 기름을 빼주고 찬물에 헹구어 물기를 짜줍니다. 분량의 조림장을 냄비에 붓고 물기를 제거한 유부를 넣고 약한 불에서 조려줍니다.

7 조림장이 잘 스며든 유부의 수분을 가볍게 짜내 밥이 들어가도록 유부를 안쪽으로 접어 모양을 만들어줍니다.

8 7의 유부 안에 3의 밥을 넣어줍니다.

9 아이가 좋아하는 치즈나 햄을 쿠키틀로 별이나 꽃 모양으로 찍어줍니다.

10 치즈를 밥에 올려 도시락 통에 넣어주면 완성.

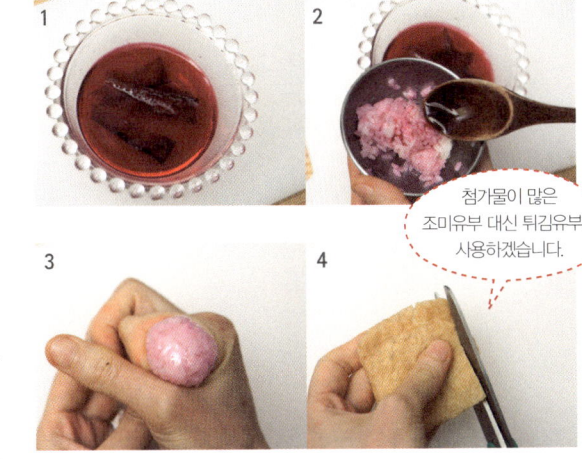

첨가물이 많은 조미유부 대신 튀김유부를 사용하겠습니다.

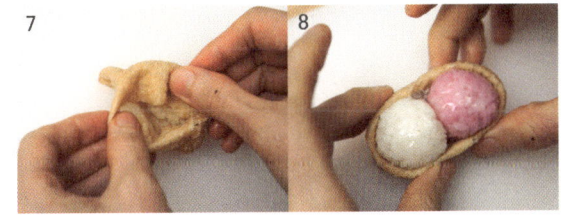

귀여운 우리집 강아지
스누피주먹밥

총 320kcal

치유견 이야기

1992년 여름 비오는 날 새끼 강아지 4마리와 쓰레기장에 비참하게 버려졌던 어미 개 치로리를 초등학생들이 구해내 숨겨 키우다가 결국 블루스 가수이면서 치료견 활동을 하던 저자 오키 토오루에게 오게 되지요. 그런데 치로리는 특별한 재주를 가지고 있어요. 아주 깊고 깊은 눈빛을 갖고 있지요. 보기만 해도 아픈 몸과 마음이 치유되는 치로리는 백만 불짜리 미소로 아픈 사람의 마음을 치유해주죠. 그리고 기적을 일으킵니다. 오키 토우루의 〈고마워 치로리〉라는 책에 있는 이야기입니다.

재료(2인 기준 레시피)

- 스누피주먹밥 : 공기밥 1공기, 김밥용 김, 당근, 마요네즈
- 주먹밥에 들어간 소 : 잔 멸치 한 줌, 우엉채볶음, 맛간장 1작은술, 조청 1작은술, 현미유 1큰술
- 도시락에 함께 싸줄 밑반찬 : 소고기 메추리알 장조림, 포도, 피클

이렇게 만들어요

1 달구어진 프라이팬에 잔멸치 한줌을 넣고 중간 불에서 1~2분 볶아 비린내를 날려주고, 현미유 1큰술을 둘러 2~3분 정도 더 볶아주세요.

2 냉장고 속 물기 없는 밑반찬을 이용하려고 합니다. 우엉채는 잔 멸치와 1:1의 비율로 아이들이 먹기 좋게 잘게 다져줍니다.

3 1의 잔 멸치 볶음에 2의 우엉 채를 넣고 조청 1작은술, 맛간장 1작은술을 넣고 센 불에서 재빨리 볶아줍니다.

4 한 김 식힌 밥에 3의 우엉멸치볶음을 넣고 송편 빚듯이 밥 모양을 둥글게 잡아 랩으로 감싸줍니다.

5 강아지의 코 모양이 있는 쪽은 손목에 힘을 빼고 지긋이 눌러가면서 스누피 모양을 잡아줍니다.

6 스누피의 핵심 이미지가 될 귀, 입, 코를 김밥용 김으로 잘라줍니다.

7 스누피 모양으로 잡아준 5의 밥에 마요네즈를 살짝 바르고 잘라둔 귀와 입, 눈 모양의 김을 핀셋을 이용하여 붙여줍니다.

8 쿠키 틀을 이용하여 당근 코를 만들어줍니다.

9 스누피 모양이 제법 만들어지면 당근 코를 붙여줍니다.

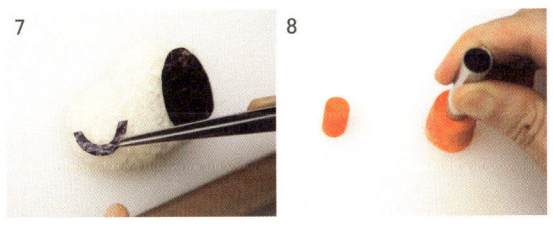

모두의 판타지
신데렐라도시락과 옥수수두부계란찜

총 350kcal

신데렐라 이야기
신데렐라는 여자 어린이의 로망이기도 하지만 어른들의 로망이기도 합니다. 그리고 보니 아이와 어른이 똑같은 판타지를 갖게 하는 공통점이 있네요. 신데렐라는 제가 유치원 때 100번도 더 읽었던 동화책입니다. 백마 탄 왕자님은 나이가 되어도 기다려지나 봅니다. 100번도 더 읽었던 내용이지만 아이들과 함께 요리를 하면서 만들어보면 어떨까요?

재료(2인 기준 레시피)

- 도시락 : 공기밥, 체다치즈, 소세지, 당근, 김밥용 김, 깻잎.
- 옥수수두부계란찜 : 계란 1개, 우유 6큰술, 연두부 1/4모, 삶은 옥수수 1큰술, 토판염 2꼬집, 까나리액젓 1작은술, 맛술 1큰술
- 도시락에 함께 싸줄 밑반찬 : 콩자반, 홍새우볶음

이렇게 만들어요

1. 도시락 통에 한 김 식힌 밥을 2/3 정도만 담아줍니다.
2. 색이 다른 치즈 2장을 준비하여 둥근 모양이 나오는 쿠키 틀로 얼굴 모양을 2개 찍어줍니다. 이 모양이 신데렐라 왕자님의 얼굴이 됩니다.
3. 2장의 치즈 중 다른 하나의 치즈에 2와 같은 방법으로 찍고 타원형 모양이 나오도록 한 번 더 찍어줍니다.
4. 2의 치즈에 3의 치즈를 양쪽으로 밸런스를 맞추어 핀셋으로 조심스럽게 올려주세요.
5. 깻잎을 깔고 4의 치즈를 사이좋게 올려줍니다. 김밥용 김으로 동그란 눈동자를 오려주고, 얇게 썬 당근으로 볼을 만들어 양 볼과 눈을 붙여줍니다.
6. 미니 소시지로 왕관 모양을 만들어 5의 밥을 올려 공주와 왕자님이 되도록 모양을 꾸며줍니다.
7. 분량의 계란 물을 곱게 풀어서 체에 한 번 걸러줍니다.
8. 연두부는 먹기 좋은 크기로 깍둑 썰어 체에 걸러준 7의 계란 물에 삶은 옥수수 알과 함께 넣어줍니다.
9. 8의 계란물에 쿠킹 호일을 감싸고 젓가락으로 3~4개의 구멍을 내줍니다.
10. 냄비에 물이 끓기 시작하면 9의 계란을 넣고 약한 불에서 10~15분 중탕으로 익혀줍니다.

치즈는 열에 약하기 때문에 핀셋으로 조심스럽게 올려주는 것이 편리합니다.

머리카락을 표현할 모양입니다.

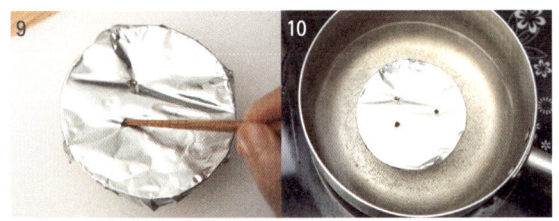

구운 김을 올려주셔도 좋습니다.

어깨가 으쓱해지는
호빵맨오므라이스

총 420kcal

호빵맨 이야기

한국에서는 호빵맨으로 잘 알려져 있지만 원작은 일본 만화 안빵맨이지요. 안빵맨은 곤란한 사람에게 자신의 얼굴을 먹게 한다는 기발한 발상으로 스토리는 시작합니다. 아이들이 너무나 좋아하는 호빵맨을 오므라이스로 만들어 보세요. 도시락 뚜껑을 열어보는 순간 친구들 앞에서 어깨가 으쓱해질 거예요. 호빵맨 도시락을 선물로 받은 10명의 아이들 중 10명은 까르르~ 웃으면서 행복해했답니다.

재료(2인 기준 레시피)

- 계란물 : 계란 2개, 맛술 1큰술, 토판염 2꼬집.
- 볶음밥 : 다진 피망 1큰술, 다진 양파 1큰술, 다진 당근 1큰술, 다진 햄 1큰술, 현미유 1큰술, 김밥용 김, 당근
- 토마토 소스 : 완숙 토마토 1개와 동량의 토마토케첩, 토판염 2꼬집, 무염버터 1큰술
- 도시락에 함께 싸줄 밑반찬 : 계란말이, 땅콩조림, 야채피클, 포도, 귤, 방울토마토

이렇게 만들어요

1 완숙 토마토에 열십자로 칼집을 넣고, 끓는 물에 살짝 데쳐줍니다. 데친 토마토는 껍질을 벗겨줍니다.

2 1의 토마토는 강판에 갈아줍니다. 갈아놓은 토마토와 케첩의 양을 동량으로 합니다.

3 토마토는 냄비에 무염버터 1큰술, 토판염 2꼬집을 넣고 바글바글 끓여 살짝 걸쭉한 농도로 졸여 빈 병이나 소스통에 담아 곁들여 드시면 됩니다.

4 다진 당근, 피망, 양파, 햄은 먹기 좋은 크기로 잘게 다져서 준비합니다.

5 달구어진 프라이팬에 현미유 1작은술을 두르고 4의 다진 야채와 토판염 2꼬집, 후추를 약간 넣고 센 불에서 치~ 소리가 나도록 30초 정도 볶아줍니다.

6 열기가 있는 밥을 넣고 3의 토마토소스 1큰술을 넣어 밥알이 고슬고슬해지게 센 불로 볶아줍니다.

7 분량의 계란물을 풀어 체에 한 번 걸려줍니다. 달구어진 프라이팬에 열기가 훈훈하게 있을 때 계란물을 1국자 부어 아주 약한 불에서 익혀줍니다.

8 도마 위에 랩을 깔고 계란지단을 올립니다. 볶음밥을 밥그릇에 눌러 담아 계란지단 위에 올립니다.

9 랩으로 호빵맨의 동그란 얼굴이 되도록 감싸줍니다. 쿠키 틀을 이용하여 호빵맨의 코와 양쪽 볼을 만들어 붙여주고 김밥용 김으로 입과 눈을 붙입니다.

10 밥의 랩을 벗기고 당근 볼을 가운데 코가 위로 가게 붙여줍니다. 김밥용 김을 김 펀치나 가위로 눈과 웃는 입 모양을 만들어 핀셋으로 붙여줍니다.

캔용 홀 토마토를 이용해도 좋습니다.

이것이 볶음밥에 곁들여 먹을 소스가 됩니다.

모자라는 간은 토판염 2꼬집으로 마무리합니다.

수분이 날아가지 않도록 뚜껑을 닫고 익혀줍니다.

10분 정도 그대로 두면 정말 호빵처럼 동그란 모양이 완성됩니다.

산타 할아버지 오는 날
크리스마스트리밥과 단호박동그랑땡

총 330kcal

재료(2인 기준 레시피)

- 크리스마스트리밥 : 공기밥 1/3, 데친 완두콩, 당근, 현미유 조금, 파스타면
- 단호박동그랑땡 : 미니 단호박 1/2, 밀가루 1큰술, 다진 양파·부추·당근 1큰술씩, 우유 3큰술, 계란물, 토판염 1/2작은술, 현미유
- 도시락에 함께 싸줄 밑반찬 : 계란말이, 잔멸치우엉볶음

이렇게 만들어요

1 당근은 1센치 정도 두께로 얇게 저며 마름모꼴 모양으로 잘라 모양을 내주고 쿠키 틀을 이용하여 별 모양과 나뭇잎 모양을 만들어주세요.

2 그릇에 밥을 담고 당근이 움직이지 않게 파스타면을 꽂아 밥에 고정시켜 줍니다.

3 끓는 물에 소금 1작은술을 넣고 완두콩을 살짝 데쳐 찬물에 미열이 없게 헹구어 물기를 빼줍니다. 삼각형 모양으로 완두콩을 심어 트리 모양을 내줍니다.

4 단호박은 꼭지 부분을 먼저 자르고 씨를 파내어 큼직하게 2조각 썰어 내열 용기에 넣어 전자레인지에서 3분 30초 정도 익혀 주방도구나 수저로 곱게 으깨어줍니다.

5 당근과 양파, 부추는 잘게 다져 넣고 밀가루 1큰술, 우유 3큰술, 토판염 1/2작은술을 넣고 반죽합니다.

6 5의 단호박을 한입에 들어갈 수 있도록 동그랑땡 모양으로 빚어줍니다.

7 달구어진 프라이팬에 현미유 1큰술을 두르고 6의 단호박에 계란물을 입혀 중간 불에서 앞, 뒤 노릇하게 구워줍니다.

> 우유를 넣어주면 부드럽고 촉촉한 맛을 즐길 수 있어요.

크리스마스 트리의 유래

어떤 이들은 크리스마스트리가 에덴 동산에 있던 낙원의 나무를 상징한다고 해요. 혹자는 종교개혁가 마르틴 루터가 전나무를 가져와 별 모형과 촛불을 달기 시작한 것이 그 기원이라 말하기도 해요. 크리스마스 트리가 우리에게 친숙한 현재의 형태로 처음 만들어진 것은 1521년이라고 합니다. 무엇이 정설이든 간에 그 안에는 즐겁고 행복한 시간이 감겨 있지요.

엄마를 도와줄
3분 완성 계란말이밥

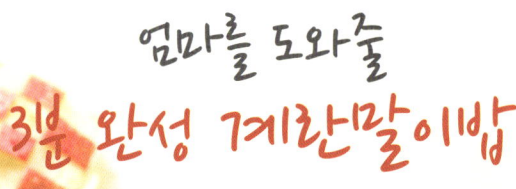

총 360kcal

바쁜 엄마를 위한 계란말이밥

친구가 아이들에게 어린이 집을 보내기 30분 전 급하게 아침을 먹이는 것을 우연히 목격하고 깜짝 놀랬지요. 엄마는 밥그릇과 밥수저를 들고 다니면서 먹이고 아이들은 먹지 않으려고 이곳저곳 다니는 것을 보고 바쁜 아침 간단히 만들어 밥과 반찬을 한 번에 먹일 수 있는 방법을 생각해 보았어요. 그래서 탄생한 것이 계란말이밥입니다. 근사한 모양에 비해 너무 간단해서 실망하실 수 있지만 바쁜 아침 엄마의 수고를 도와줄 고마운 메뉴입니다.

재료(2인 기준 레시피)

- 계란말이밥 : 공기밥 1/2, 계란 2개, 토판염 2꼬집, 까나리액젓 1/2 작은 술, 맛술 1큰술, 현미유
- 도시락에 함께 싸줄 밑반찬 : 메추리알 장조림, 호두장과 사과, 포도

이렇게 만들어요

1 계란 2개, 토판염 2꼬집, 까나리액젓 1/2작은 술, 맛술 1큰술을 넣고 거품기로 저어 체에 한 번 받쳐 줍니다.

2 1의 계란 물에 열기가 없는 찬밥을 계란물과 함께 섞어줍니다.

3 약한 불에서 달구어진 계란말이용 팬에 현미유를 얇게 바르고 2의 계란물 한 면에 3큰술 정도의 양이 되도록 붓고 1/3 정도 익어갈 때 말아줍니다.

4 3의 계란말이 맨 앞쪽으로 밀어서 다시 3큰술 정도 양의 계란물을 부어 3의 계란밥을 연결해줍니다. 취향에 따라 두께와 크기를 조절해주세요.

5 4의 계란밥을 한 김 식힌 상태에서 먹기 좋은 크기로 잘라줍니다.

6 사과를 반으로 잘라서 가로, 세로 2센티 간격으로 벌집 모양으로 칼집을 살짝 넣어줍니다.

7 가로줄을 한 칸씩 건너가면서 껍질을 벗겨줍니다.

8 세로줄을 한 칸씩 건너가면서 껍질을 벗겨주면 바둑판 모양의 사과가 나옵니다.

✱ 사과에는 팩딘이라는 성분이 있어서 금빙 길변하기 때문에 시간이 지나면 맛이 떨어지거나 신선해 보이지 않죠. 이렇게 바둑판 모양으로 깎아 도시락에 넣어주면 모양도 좋고 갈변하지 않은 산뜻한 사과를 드실 수 있어요.

기호에 따라 국산 돼지고기로 만든 생협 베이컨이나 햄, 야채를 잘게 다져 넣어도 좋아요.

향이 좋은 참나물 잎을 올려 주면 드실 때 색다른 풍미를 즐길 수 있습니다.

PART.8

신나고 재미있게
예쁘고 맛있는 도시락

인공 설탕 함량이 높은 가공식품이나 인공 감미료가 포함된 냉동식품에 길들여진 아이들은 산만하고 과격한 성향을 띠는 소아비만 상태에 빠진다고 합니다. 최근 5~6년 사이에 우리나라 소아비만율이 높아셨나고 합니다. 마트에 가면 신선한 식재료보다는 편하게 요리할 수 있는 가공식품과 과자, 각종 가당 음료수들이 자리를 더 많이 차지하고 있어요. 원재료가 정확히 무엇들인지 확인할 수 없는 가공식품, 인스턴트식품을 멀리하고 다소 비싸더라도 친환경 식품과 제철에 나오는 식재료로 아이들과 함께 만들 수 있는 엄마표 식단으로 가족의 건강을 지켜보세요

첫 번째 반려동물
삐약삐약~병아리 미니 오므라이스

총 430kcal

학교 앞 추억의 병아리 아저씨

제가 초등학교에 다니던 시절 봄날에 학교 앞 병아리 아저씨가 출현하면 그야말로 인기 짱이었습니다. 그 병아리 정말 귀여웠죠. "기계 병아리는 약해서 일찍 죽는다. 너무 정주지 말아." 라는 할머니 말씀을 들은 저는 병아리가 약해서 아플까봐 늘 노심초사 했지만 그 병아리는 부쩍부쩍 빨리 크더군요. 3주가 지나니 중닭이 되어서 저만 보면 졸졸 따라다녔습니다. 닭이 사람 따른다고 어른들도 어이없어 하더군요. 그 닭이 제게는 첫 번째 반려동물이었던 거예요.

재료(2인 기준 레시피)

- 계란물 : 계란 2개, 토판염 2꼬집, 맛술 1큰술
- 볶음밥 : 공기밥 1공기, 다진 피망, 양파, 당근, 햄 각 1큰술씩, 다진 햄 1큰술, 방울토마토, 김밥용 김, 현미유 1큰술
- 토마토소스 : 완숙 토마토 1개, 동량의 토마토 소스 1큰술, 토판염 2꼬집, 무염버터 1큰술
- 도시락에 함께 싸줄 밑반찬 : 홍새우볶음, 생협 햄구이, 귤, 포도

이렇게 만들어요

1. 완숙 토마토에 열십자로 칼집을 넣고 끓는 물에 살짝 데쳐줍니다.
2. 1의 토마토는 강판에 갈아줍니다. 갈아놓은 토마토와 케첩의 양을 동량으로 합니다.
3. 2의 토마토는 냄비에 무염버터 1큰술 토판염 2꼬집을 넣고 약한 불에서 걸쭉한 농도가 되도록 졸여줍니다.
4. 양파, 당근, 햄, 피망은 잘게 다져 달구어진 프라이팬에 현미유 1작은술을 넣고 센 불로 30초 정도 볶다가 열기가 있는 밥을 넣고 3의 토마토 소스 1큰술을 넣어 밥알이 고슬고슬해지도록 센 불에서 볶아줍니다.
5. 한 김 식힌 4의 밥을 계란 정도의 크기로 뭉쳐 랩으로 감싸줍니다.
6. 분량의 계란물을 풀어 체에 한 번 거르고 달구어진 프라이팬이 훈훈해지면 계란물 4~5큰술 정도를 부어 아주 약한 불에서 뚜껑을 닫고 익혀줍니다.
7. 도마 위에 랩을 깔고 6의 계란 지단을 올립니다. 5의 볶음밥을 계란 지단 위에 올려준 후 랩으로 감싸 타원형 모양으로 만들어줍니다.
8. 방울토마토는 반으로 잘라서 씨를 빼고 깨끗이 씻어 물기를 완전히 제거한 후 꼬치나 이쑤시개를 이용하여 모자를 씌워주듯이 꽂아줍니다.
9. 김으로 병아리의 발과 눈을 찍어 주먹밥에 붙이고
10. 밥에 핀셋으로 눈과 발을 붙여주고, 당근이나 치즈로 병아리의 입도 만들어 붙입니다.

나비가 되었어요
꿈틀거리는 애벌레밥과 감자미트볼

총 310kcal

애벌레 이야기
꼬물꼬물 작은 애벌레가 세상 구경을 나옵니다. 맛있는 과일들 속으로 쏙쏙! 예쁜 꽃잎 속으로 쏙쏙!! 작은 애벌레는 여러 과일과 꽃들과 함께 여행을 하다가 꿈틀거리는 애벌레에서 예쁜 나비가 되지요.

재료(2인 기준 레시피)

- 애벌레밥 : 공기밥 1/3공기, 김밥용 김, 마요네즈 조금, 당근, 참나물 줄기 부분 조금
- 감자미트볼 : 감자 2개, 다진 소고기 50그램, 홀토마토 6큰술, 토마토케첩 5큰술, 다진 양파 2큰술, 무염버터 1큰술, 토판염 1/2작은술, 마늘 1작은술
- 도시락에 들어간 밑반찬 : 계란말이, 무피클, 포도

이렇게 만들어요

1 홀토마토를 믹서에 곱게 갈아줍니다.

2 감자는 한입 크기로 썰어서 돌려깎기 해줍니다. 찬물에 10분 정도 담가 전분 끼를 빼줍니다.

3 양파는 잘게 다져 달구어진 냄비에 현미유 1작은술을 두르고 센 불에서 볶다가 다진 소고기, 토판염 2꼬집, 후추 조금, 마늘 1작은술을 넣어 고기가 보슬보슬해지도록 볶아줍니다.

4 믹서에 곱게 갈아준 1의 홀토마토 6큰술을 케첩 5큰술과 무염버터 1큰술을 넣어 바글바글 끓여줍니다.

5 홀토마토 소스가 끓기 시작하면 2의 감자를 넣고 뚜껑을 닫고 약한 불에서 소스가 자박자박해지도록 15분간 서서히 조려줍니다.

6 미니 김밥 틀에 밥을 채워 넣어줍니다.

7 미니 김밥 틀로 모양을 잡아준 6의 밥을 5센티 간격으로 잘라줍니다.

8 도시락 통에 애벌레 모양이 되도록 5센티 간격으로 잘라준 밥을 넣어줍니다.

9 당근볼을 만들어 양쪽 볼에 붙여줍니다. 김밥용 김을 가위로 오려 애벌레의 눈과 꿈틀거리는 발을 표현해주면 나비가 되고 싶은 애벌레 모양이 완성됩니다.

남은 소스는 유리병에 담아 냉동 보관하고 스파게티나 볶음밥 소스로 사용해도 됩니다.

미니 김밥 틀이 없으면 랩으로 김밥을 싸듯이 모양을 잡아주셔도 됩니다.

벚꽃나무 아래에서 여유롭게
봄날의 벚꽃초밥

총 260kcal

벚꽃의 추억

일본에는 4월이 되면 온 동네에 벚꽃이 피기 시작합니다. 상상하는 것보다 너무 예쁘고 아름다워서 깜짝 놀랬어요. 동화 속 꿈나라에 온 것 같은 핑크빛 꽃을 맞으면, 왜 이리도 일본 사람들이 벚꽃을 좋아하는지 알 것 같았어요.

일본 유학 시절 4월 어느 날 조금은 쌀쌀했지만 저는 한국씩 김밥을 싸고 일본 친구들은 유부초밥을 싸서 벚꽃나무 아래에서 여유롭게 도시락을 먹었던 기억이 있어요.

재료(2인 기준 레시피)

- 벚꽃초밥 : 공기밥 1공기, 삶은 계란 노른자 2개, 파스타면, 토판염 2꼬집, 현미유 1작은술
- 단초물 : 양조식초 반 컵, 맛술 2큰술, 설탕, 2큰술, 토판염 1/2작은술
- 도시락에 들어간 밑반찬 : 계란말이, 잔멸치볶음, 홍새우볶음, 야채피클, 포도

 이렇게 만들어요

1. 분량의 단촛물에 팔팔 끓여 한 김 식힌 후 비트를 약간 넣고 색을 곱게 내줍니다.
2. 밥을 조금씩 넣어가면서 1의 단촛물을 넣고 비벼 초밥을 만들어줍니다.
3. 꽃 모양 쿠키 틀에 2의 밥을 채워 넣고 지긋이 눌러 모양을 잡아줍니다.
4. 3의 밥에 꽃의 입체감을 주기 위해 젓가락으로 밥을 조금씩 올려가면서 꽃 모양에 볼륨을 줍니다.
5. 냄비에 소금 1작은술, 계란 2개를 넣고 15분간 완숙으로 삶아 찬물에 담구어 껍질을 벗겨줍니다. 삶은 계란은 흰자와 노른자를 분리해 노른자만 곱게 으깨어줍니다.
6. 달구어진 프라이팬에 현미유 1작은술을 두르고 5의 노른자, 토판염 2꼬집을 넣고 중간 불에서 보슬보슬하게 볶아줍니다.
7. 랩을 이용하여 6의 계란 노른자를 벚꽃 밥 중앙에 들어갈 사이즈로 작게 뭉쳐 공기를 빼줍니다. 작은 경단을 만들어 벚꽃 밥 위에 올려줍니다.

노른자가 잘 뭉쳐지지 않을 땐 꿀을 조금 넣고 뭉쳐주면 됩니다.

코~하고 잠든
곰돌이밥과 귤 고구마맛탕

총 280kcal

곰돌이 이야기

곰돌이가 처음으로 혼자서 자는 날이에요. "곰돌아, 혼자서 잘 수 있겠니?" "네 엄마, 걱정 마세요." 그렇지만 '위잉' 바람이 창문을 흔들자 곰돌이는 무서웠어요. "똑똑, 곰돌이에요. 엄마, 창문이 자꾸 흔들려요." 곰돌이는 엄마 방을 두드렸어요. "우리 곰돌이는 참 씩씩하구나." 아빠 말씀을 듣고 곰돌이는 얼른 제 방으로 돌아왔어요.

재료(2인 기준 레시피)

- 곰돌이밥 : 공기밥 1공기, 김밥용 김, 미니 햄, 마요네즈 조금, 파스타
- 금귤고구마맛탕 : 작은 고구마 2개, 금귤청 2큰술, 꿀 1큰술, 현미유 3큰술, 토판염 2꼬집, 검정깨
- 도시락에 함께 싸줄 밑반찬 : 계란말이, 호두조림, 홍새우볶음, 무피클

이렇게 만들어요

1. 한 김 식힌 밥은 둥글게 뭉쳐 랩으로 한 번 감싸고 곰돌이의 얼굴형이 나오도록 모양을 잡아줍니다.
2. 밥에 마요네즈를 얇게 펴 발라줍니다.
3. 김밥용 김을 눈, 코, 스마일 입 모양으로 잘라줍니다. 눈, 코, 입이 안정감이 있도록 핀셋을 이용하여 붙여줍니다.
4. 미니 햄을 2센티 간격으로 자르고 햄의 끝부분은 1/3 정도만 잘라줍니다.
5. 달구어진 후라이팬에 현미유 1작은술을 두르고 4의 햄을 앞, 뒤로 살짝 구워주고 여분의 기름은 키친타월로 닦아 사용합니다.
6. 곰돌이밥의 양쪽 귀에는 파스타면에 5의 구워준 햄을 꽂아준 후 밥에 꽂아 곰돌이의 귀를 만들어줍니다.
7. 가늘고 가지런한 고구마는 2~3센티 간격으로 잘라줍니다.
8. 달구어진 프라이팬에 현미유 3큰술을 넉넉히 두르고 센 불에서 7의 고구마를 튀기듯이 앞, 뒤로 뒤집어가면서 익혀줍니다.
9. 젓가락으로 고구마를 찔러보아 속까지 익었을 때, 여분의 기름을 키친타월로 닦아내고 금귤 2큰술, 꿀 1큰술, 토판 2꼬집을 넣고 중간 불에서 소스가 자박자박해질 때까지 조려주고 마지막에 검정깨를 뿌려서 완성합니다.

밥 안에 마른 반찬이나 아이들이 좋아하는 반찬을 넣어주어도 좋아요.

눈, 코, 입의 모양은 조금씩 변형시켜 붙여주어도 좋아요.

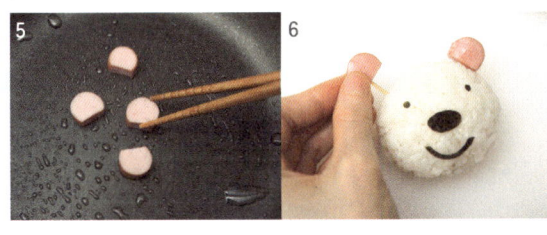

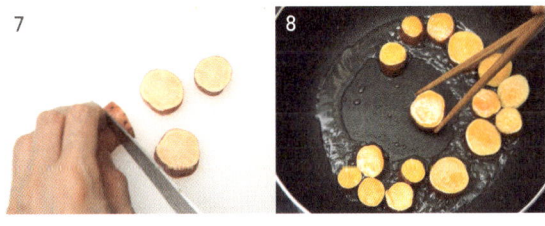

금귤청이 없으면 유자청을 넣어주셔도 좋아요.

애기똥으로 고생하는 아이 변비 잡아주는
우엉소고기미트볼과 꽃밥

총 340kcal

식이섬유가 풍부해 변비에 좋은 우엉

수줍음을 많이 타는 예쁜 3살 소녀 친구의 딸 고은이는 3일이 지나도, 5일이 지나도, 심하면 보름이 지나도 애기똥이 나오지 않아 스트레스를 많이 받는데요. 예민하고 편식이 심한 고운이를 위해 변비에 좋은 레시피를 고민하다가 만들게 된 것이 우엉 미트볼이에요. 우엉은 식이섬유가 많아서 대변 활동에 많은 도움을 주지만 편식이 심한 아이들이 먹기엔 약간은 고민이 되어 아이들이 좋아하는 토마토 소스 미트볼로 만들었어요.

재료(2인 기준 레시피)

- 꽃밥 : 공기밥 1/2그릇, 생협 햄, 데친 완두콩, 마늘쫑 조금, 파스타면
- 우엉소고기 미트볼 : 소고기 200그램, 다진 우엉 3큰술, 다진 양파 4큰술, 빵가루 1큰술, 계란 1개, 토판염 2꼬집, 후추, 마늘 1작은술, 홀토마토 1/2, 토마토케첩 5큰술, 파슬리 가루, 무염버터 1큰술

 이렇게 만들어요

1 둥근 틀에 밥을 채워 넣어 랩으로 감싸고 모양이 잡히도록 손가락에 힘을 빼고 꾹꾹 눌러줍니다.
2 꽃 모양 쿠키 틀을 이용하여 햄을 찍어줍니다.
3 구멍이 큰 빨대나 둥근 틀로 2의 햄 중앙에 다시 찍어 완두콩이 들어갈 수 있게 구멍을 내고 달구어진 프라이팬에 기름을 조금 둘러 앞뒤로 구워줍니다.
4 마늘쫑은 끓는 물에 살짝 데쳐 찬물에 헹굽니다.
5 밥을 틀에서 빼내 햄을 올리고 4의 마늘쫑을 꽃의 잎 모양이 되도록 올려줍니다. 마지막 데친 완두콩을 햄 중앙에 꽂아주면 벚꽃밥이 완성됩니다.
6 흙이 묻은 우엉을 구입해 칼등으로 껍질을 벗기고 깨끗이 씻어 먹기 좋은 크기로 잘게 다져줍니다.
7 빈 볼에 다진 소고기, 다진 양파 2큰술, 다진 우엉 3큰술, 빵가루 1큰술, 계란 1개, 토판염 2꼬집, 후추를 조금 넣고, 고기 반죽이 끈기있도록 여러 번 치대고
8 7의 고기 반죽을 한입 크기로 둥글게 만들어줍니다.
9 홀토마토는 믹서에 곱게 갈아 주고 냄비에 무염버터 1큰술, 토판염 2꼬집, 홀토마토 6큰술, 케첩 5큰술, 8의 미트볼을 넣고 끓기 시작하면 약한 불에서 15분 정도 서서히 익혀줍니다.
10 달구어진 냄비에 현미유 1작은술을 두르고 다진 양파 2큰술, 마늘 1작은술을 토판염 2꼬집을 넣고 먼저 볶다가 9의 토마토소스, 토마토케첩 5큰술, 8의 고기 볼을 넣고 중간 불에서 소스가 자작해질 때까지 조려줍니다.

긍정의 쿠킹테라피
고소한 볶음밥군만두

총 480kcal

긍정의 쿠킹테라피

부모의 대화법에 따라 아이의 반응이 달라지고 부모가 일관성 있게 행동하면 아이의 정서도 안정됩니다. 또한 부모의 격려에 아이의 자존감이 향상됩니다. 쿠킹테라피는 아이들의 문제 행동을 파악하여 요리를 만드는 과정에서 집중력을 향상시키고 성취감을 키워주는 체험활동입니다. 야외활동이 적은 겨울철 집에서 아이와 요리하며 놀아주는 것은 어떨까요. 시작 전 기억하세요! 아이와 함께 요리할 때는 긍정적으로 반응해야 합니다.

재료(2인 기준 레시피)

- 볶음밥군만두 : 만두피, 공기밥 1공기, 다진 양파, 당근, 부추, 햄 각 1술씩, 현미유 조금, 작은술, 참기름 1작은술, 토판염 2꼬집, 까나리액젓 1작은술
- 초간장 : 맛간장 1큰술, 식초 1큰술, 설탕 1/2작은술, 맛술 1큰술, 마늘 약간, 참기름 약간
- 도시락에 함께 싸줄 밑반찬 : 새우볶음, 당근피클

이렇게 만들어요

1 양파, 당근, 부추, 햄은 잘게 다져서 준비합니다.

2 달구어진 프라이팬에 현미유 1큰술을 두르고 1의 다진 야채를 넣고 센 불에서 토판염 2꼬집을 넣고 재빨리 볶아줍니다.

3 2의 프라이팬에 열기가 있는 밥을 넣고 밥알이 고슬고슬해지도록 볶아줍니다. 마지막 단계에 까나리액젓 1작은술, 참기름 약간, 후추 약간을 넣고 모자라는 간은 토판염 1꼬집을 넣고 마무리합니다.

4 냉동 만두피는 냉장 해동합니다. 한 장 한 장 뜯어 낸 만두피는 손바닥 위에 올리고 3의 볶음밥 1큰술을 넣고 만두피 가장자리에 물을 발라줍니다.

5 4의 만두를 반달 모양으로 접어 접착이 잘 되도록 포크로 꾹꾹 눌러줍니다.

6 포크로 한 번 더 꾹꾹 눌러주면 모양도 예쁘게 잡히고 접착력이 좋습니다.

7 달구어진 프라이팬에 현미유 3큰술과 물 3큰술을 두르고 7의 만두를 넣고 중간 불에서 뚜껑을 닫고 앞뒤로 노릇하게 구워줍니다.

1  2

3  4

5  6

> 냉동만두피는 굽거나 찌는 동안에 잘 터질 수 있으니 포크로 한 번 더 눌러주는 것이 좋습니다.

7

> 군만두는 물과 기름을 동량으로 넣고 뚜껑을 닫은 후 중간 불에서 익혀줍니다.

Tip 추운 겨울 밤 야식이 생각날 때 아이와 함께 냉장고에 있는 재료를 이것저것 다 넣고 볶음밥을 만들어 각자의 모양이 다른 만두를 빚어보세요. 그리고 긍정적으로 아이를 칭찬해주세요.

비오는 날
소고기김치볶음밥

총 400kcal

재료(2인 기준 레시피)

- 소고기 김치볶음밥 : 밥 1공기, 다진 소고기 50그램, 신김치 조금, 다진 양파 2큰술, 현미유 1큰술, 토판염 2꼬집, 체다치즈, 당근, 김밥용 김
- 소고기 양념 : 맛간장 2큰술, 마늘 1작은술, 맛술 1큰술, 조청 1작은술, 후추 약간, 참기름 1작은술
- 도시락에 함께 싸줄 밑반찬 : 호두조림, 당근피클, 햄구이, 계란말이, 연근조림

이렇게 만들어요

1 양파는 먹기 좋은 크기로 잘게 다져 달구어진 프라이팬에 현미유 1큰술을 두르고 센 불에서 1분 정도 볶다가 다진 소고기를 넣고 볶아줍니다. 다진 소고기가 보슬보슬 볶아졌을 때 분량의 양념장을 넣고 소스가 자작해질 때까지 볶아줍니다.

2 신김치는 찬물에 헹구어 물기를 꼭 짜서 먹기 좋은 크기로 송송 썰어줍니다.

3 1의 고기가 어느 정도 볶아졌을 때 2의 김치를 넣고 서로 아우러지도록 1~2분 정도 더 볶아줍니다.

4 열기가 있는 밥을 넣고 센 불에서 밥알이 고슬고슬 해지도록 볶다가 마지막 완성 단계에 참기름 1큰술, 모자라는 간은 토판염 2꼬집을 넣고 마무리합니다.

5 당근을 얇게 저며 빗방울 모양이 되도록 쿠키 틀로 찍어줍니다.

6 색이 다른 치즈 2장을 쿠키 틀로 찍어줍니다.

7 치즈는 열에 약하기 때문에 밥이 완전히 식은 다음에 올려줍니다. 5의 당근도 밥 위에 올려 빗방울 모양을 표현하고 구름의 표정이 될 눈과 입은 김밥용 김을 이용하여 가위로 잘라 붙여줍니다.

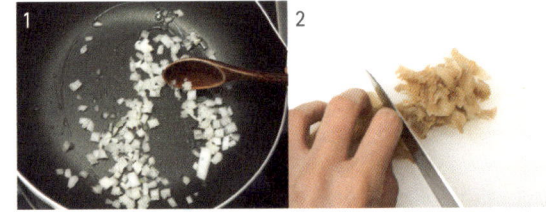

구멍이 큰 빨대를 손가락으로 끝이 뾰족해지도록 만들어 빗방울 모양을 찍어도 됩니다.

구름 모양을 표현할 치즈입니다.

추억의 노란 우비 우산

생각지도 못하게 비가 오는 아침엔 엄마가 온갖 유난을 다 떨면서 노란 우비를 입혀주고 나랑 같이 우산을 쓰고 학교 정문까지 데려다 주셨어요. 그리고 하는 한 마디, "우산 꼭 챙겨와!!" 어른이 되어서도 초등학교 앞을 지나갈 때면 우비를 입고 엄마와 우산을 쓰고 걸어갔던 순간이 생각나요. 일기예보에 내일 아침에 비가 온다고 해요. 노란 비옷과 우산은 챙겨 두셨나요?

자신감을 키워주는
풍뎅이주먹밥과 베이컨신김치볶음

총 390kcal

적극성과 자신감을 키워주는 엄마와 함께 만드는 요리

유아들은 자르고 뜯고 잘게 부수고, 뭉치고 골고루 섞는 등 손을 많이 사용하는 활동이 필요하데요. 또한 학령기의 아동은 불을 사용하여 녹이거나 간단한 조리도구를 활용하여 만들 수 있으면 더 흥미를 갖게 되고 요리사가 되어 가족을 위한 음식을 준비한다는 자긍심을 가질 수도 있어요. 칼로 식재료를 자르는 활동을 할 때는 유아 손의 크기에 맞추어 플라스틱 빵 칼을 사용하며 신체를 많이 움직일 수 있게 해주세요. 작은 일에도 기뻐하는 아이의 웃음 소리를 들을 수 있을거에요.

재료(2인 기준 레시피)

- 풍뎅이주먹밥 : 공기밥 1그릇, 생협 베이컨 2줄, 신김치 조금, 마늘 1/2작은술, 후추 약간, 잔 멸치 1큰술, 맛살, 검정깨, 건조 톳
- 도시락에 함께 싸줄 밑반찬 : 소고기 장조림, 메추리알 장조림, 잔멸치우엉볶음, 무피클, 방울토마토

이렇게 만들어요

1 신김치는 찬물에 헹구어 물기를 꽉 짜 먹기 좋은 크기로 종종 썰어주고 베이컨도 김치와 비슷한 크기로 잘게 잘라 달구어진 프라이팬에 현미유를 조금 두르고 베이컨을 볶아줍니다. 마늘 1/2작은술, 후추 조금, 썰어 놓은 신 김치를 함께 넣고 볶아줍니다.

2 베이컨이 노릇하게 볶아졌을 때 잔멸치를 넣고 1분 정도 더 볶아줍니다. 베이컨과 김치에 어느 정도 간이 있기 때문에 따로 간을 하지 않겠습니다.

3 한 김 식힌 밥에 2의 신김치 베이컨볶음을 1큰술 정도 넣고 송편을 빚듯이 둥글게 모양을 잡아가면서 밥을 뭉쳐줍니다.

4 모양이 잘 잡히지 않으면 랩을 감싸 모양을 잡아주면 깔끔하고 예쁜 모양이 만들어집니다.

5 맛살의 붉은색 부분을 결대로 뜯어서 둥근 모양의 쿠키 틀로 찍어줍니다.

6 풍뎅이의 입체감을 주기 위해 맛살의 흰색 부분도 5의 모양으로 찍어줍니다.

7 5의 맛살에 작은 칼로 ㅅ모양이 나오도록 칼집을 넣어 6의 맛살에 붙여 입체감있게 붙여줍니다.

8 검정깨를 양쪽 날개 쪽에 붙여줍니다.

9 건조 톳으로 더듬이를 만들고 3의 밥 위에 올려줍니다. 완성된 풍뎅이는 4의 밥 위에 올려주면 됩니다.

베이컨에서 기름이 나오기 시작하면 키친타월로 닦아주세요.

필요에 따라 토판염을 1꼬집 넣어주어도 좋습니다.

구멍이 큰 빨대를 이용해도 좋습니다.

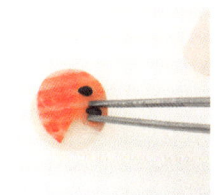

채소의 줄기 부분이나 다시마를 가위로 잘라 더듬이 부분을 만들어주셔도 됩니다.

뭉쳐야 맛이 나는
삼치소보로 기본삼각주먹밥

총 430kcal

재료(2인 기준 레시피)

- 주먹밥 : 공기밥 1그릇, 삼치 1토막, 현미유 1큰술, 소금 후추 약간씩, 김밥용 김, 마요네즈 조금
- 조림장 : 맛간장 1큰술, 조선간장 1작은술, 맛술 1큰술, 마늘 1/2 작은술, 생강즙 1작은술, 조청 1큰술
- 도시락에 함께 싸줄 밑반찬 : 콩자반, 삼치소보로

이렇게 만들어요

1 소금을 뿌리지 않은 삼치는 깨끗이 씻어 물기를 닦고, 달구어진 프라이팬에 현미유를 1큰술 두르고 중간 불에서 삼치를 앞뒤로 노릇하게 구워줍니다.

2 쿠킹호일을 덮고 약한 불에서 3분간 속까지 완전히 익혀줍니다.

3 노릇하게 익은 삼치는 껍질과 뼈를 걷어내고 속살만 발라내줍니다.

4 달구어진 프라이팬에 현미유 1작은 술, 3의 삼치살, 분량의 양념장을 넣고 삼치살이 보슬보슬해지도록 중간 불에서 볶아줍니다.

5 삼각형 주먹밥 틀에 한 김 식힌 밥을 ½ 채우고 4의 삼치를 넣고 나머지 반을 밥으로 채워 모양을 단단히 잡아줍니다.

6 5의 삼각주먹밥에 마요네즈를 얇게 펴 바르고 김밥용 김을 잘라서 살포시 감싸주면 됩니다.

7 당근을 이용하여 양 볼을 만들어 6의 밥에 마요네즈를 살짝 묻혀 붙여줍니다.

8 김을 가위로 동그랗게 잘라 눈 모양을 만들고 스마일한 입 모양도 오려서 안정감 있게 붙여줍니다.

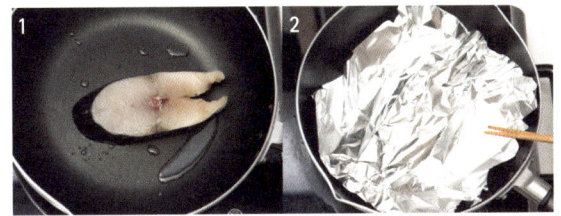

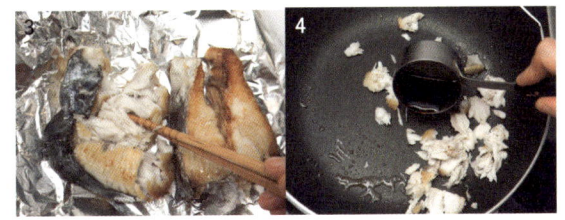

눈과 입의 비율을 어떻게 나누어 잡는가에 따라 캐릭터의 느낌이 달라져요.

오니기리 이야기

일본어로 니기리(にぎり)는 '쥐다' 혹은 '잡다'라는 의미인 니기루(にぎる)에서 유래되었다고 해요. 흰 쌀밥에 여러 재료를 넣고 뭉쳐 만든 음식이죠. 다양한 재료들을 속에 넣고 삼각이나 둥근 모양을 만들 수 있고 재료에 따라 맛의 응용이 간편하고 방법이 쉬운 것이 특징이에요. 이런 특징 때문에 일본문화에 빠질 수 없는 음식이 되었죠. 아이들과 함께 만들어보세요.

가지런히 기다리는
꼬까신유부밥

총 280kcal

동요 꼬까신

"개나리 노란 꽃그늘 아래 가지런히 놓여 있는 꼬까신 하나, 아가는 사알짝 신 벗어 놓고 맨발로 한들한들 나들이 갔나. 가지런히 기다리는 꼬까신 하나…"

제가 아직까지도 요리를 하다가 나도 모르게 중얼거리는 동요입니다. 노랫말이 너무 예뻐서 도시락으로 만들어보았어요. 한 번 따라 불러보세요. 마음이 참 좋아져요!

재료(2인 기준 레시피)

- 유부초밥 : 공기밥 1그릇, 튀김유부 3장, 계란 1개, 다진 양파, 당근, 부추, 다진 햄 각 1큰술씩, 토판염 2꼬집, 간 소고기 50그램, 현미유 조금
- 유부조림장 : 다시마 물 반 컵, 맛간장 3큰술, 맛술 2큰술, 조선간장 2큰술, 조청 2큰술, 토판염 2꼬집
- 소고기 양념장 : 맛간장 1큰 술, 조선간장 1작은술, 맛술 1큰술, 생강술 1작은술, 조청 1큰술, 마늘 1작은술
- 도시락에 함께 싸줄 밑반찬 : 비트무 초절임, 귤, 포도, 방울토마토, 데친 새우

이렇게 만들어요

1 달구어진 프라이팬에 다진 소고기를 넣고 보슬보슬하게 볶아주다가 분량의 양념장을 넣고 양념장이 자작해질때까지 볶아 빈 볼에 담아주고, 양파, 당근, 부추, 햄은 먹기 좋은 크기로 잘게 다져

2 달구어진 프라이팬에 현미유 1큰술을 두르고 다진 야채를 넣고 센 불에서 토판염 2꼬집, 후추를 조금 넣고 재빨리 볶아 1의 볶은 고기와 열기가 있는 밥을 넣고 밥알이 고슬고슬해지도록 볶아줍니다.

3 조미유부 대신 갓 튀겨 낸 일반 우동이나 국에 넣어 먹는 유부를 구입하여 주머니 모양이 되도록 끝부분을 가위로 잘라줍니다.

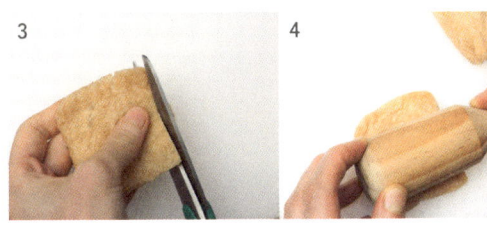

4 3의 유부를 밀대로 밀어줍니다. 그러면 안이 열려서 주머니 형태가 됩니다.

5 끓는 물에 4의 유부를 넣고 2~3분 정도 국자로 눌러가며 기름을 빼주고 찬물에 헹구어 물기를 짜주고 분량의 조림장을 냄비에 붓고 물기를 제거한 유부를 넣어 조림장이 스며들게 약한 불로 조립니다.

6 여분의 수분을 가볍게 짜내고 2의 밥을 채워줍니다.

7 신발 모양이 되도록 유부의 앞쪽을 접어 파스타면으로 꽂아 짱짱하게 잡아줍니다.

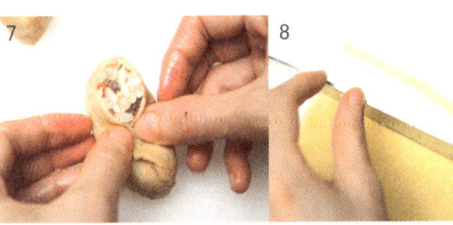

8 파스타면으로 계란 지단을 만들어 한 김 식혀 1센티 간격으로 잘라줍니다.

9 8의 계란지단을 리본 모양으로 만들어 꽂아 리본이 움직이지 않도록 고정시켜줍니다.

PART.9

빵집엔 아이들이 먹는 샌드위치는 왜 없는걸까?

1964년 발간된 동명의 소설을 원작으로 2005년에 개봉한 할리우드 영화 '찰리의 조콜릿 공상'을 보면서 상상해본 아이들만을 위한 샌드위치 사계입니다. 영화에 나오는 텔레비전 초콜릿, 전혀 녹지 않는 초콜릿 아이스크림, 무지개 사탕, 머시멜로 베개 등 현실 세계에서 볼 수 없는 갖가지 먹을 것을 상상해낸 작가의 마음처럼 정말 먹고 싶은, 갖고 싶은 아이들만을 위한 샌드위치를 평생 동안 먹을 수 있도록 상상해본 메뉴입니다. 예쁘고 신기한 상상력을 줄 수 있는 아이디어로 내 아이의 샌드위치를 만들어보세요.

상큼 담백한 초승달
미니크루아상샌드위치

총 420kcal

재료(2인 기준 레시피)

- 미니크루아상 2개, 생협 햄, 치커리 조금, 쌈추 조금, 양파 1/2, 토판염 2꼬집

이렇게 만들어요

1. 준비한 미니 크루아상은 ½ 정도만 칼집을 넣어줍니다.
2. 햄은 두께감 있게 썰어 반달 모양이 되도록 쿠키 틀로 찍어줍니다.
3. 달구어진 프라이팬에 현미유 1작은 술을 두르고 쿠키 틀로 찍어둔 반달 모양의 햄을 앞뒤로 노릇하게 구워줍니다.
4. 양파는 가늘게 채 썰어줍니다.
5. 달구어진 프라이팬에 현미유 1작은 술, 4의 채 썬 양파를 넣고 양파가 갈색 빛이 나오도록 서서히 볶아줍니다.
6. 칼집을 내준 크루아상 1의 빵에 5의 볶은 양파를 반만 채워준 후 물기를 완전히 제거한 쌈추와 치커리를 넣어줍니다.
7. 6의 빵에 3의 현미유에 구운 햄 2조각을 넣어주면 완성입니다.

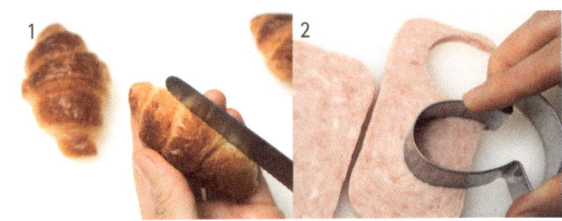

양파는 볶으면 볶을수록 단맛이 나오므로 아이들이 먹기에 좋습니다.

아이들의 입은 작기도 하지만 한 손에 집어줄 수 있는 크기의 빵을 선택하는 것이 좋습니다.

크루아상 이야기

오스트리아가 본고장인 크루아상은 버터와 달걀, 설탕 등을 사용하는 브리오슈오 같은 과자 빵과 함께 프랑스에서는 비에누아즈리라고 부른데요. 프랑스어로 '늘어나다', '커지다'라는 뜻으로 앞으로 커지는 달, 즉 초승달을 뜻하지요. 프랑스의 전통 빵이 아닌데도 오늘날 프랑스의 전통 빵인 것처럼 알려지 크루아상의 유래는 루이 16세의 왕비로 프랑스 혁명 때 단두대의 이슬로 사라진 마리 앙투아네트 덕분이래요. 오스트리아와 헝가리제국을 다스렸던 합스부르크가의 딸이었던 그녀는 당시 프랑스 황태자 루이 16세와 정략결혼을 해 시집온 후 고향인 비엔나에서 먹었던 크루아상이 너무 먹고 싶어서 친정에 제과 기술자를 보내달라고 요청했고, 이 제과 기술자가 만든 크루아상이 프랑스 귀족들 사이에서 크게 유행하게 되었데요.

이야기 꽃을 피우는
잉글리쉬머핀 감자팬케익샌드위치

총 250kcal

재료(2인 기준 레시피)

- 잉글리쉬머핀 1개, 감자 1개, 계란 1개, 토판염 2꼬집, 토마토케첩 1큰술, 씨겨자 1큰술, 쌈추, 파슬리 가루 조금

이렇게 만들어요

1 감자는 껍질을 벗기고 가늘게 채 썰어 5분 정도 찬 물에 담가 전분 끼를 빼줍니다.

2 1의 감자를 체에 받쳐 물기를 완전히 빼줍니다. 빈 볼에 감자채를 넣고 계란 1개, 토판염 2꼬집, 파슬리 가루를 조금 넣고 앞뒤로 잘 섞어줍니다.

3 잉글리쉬 머핀은 반으로 갈라 씨겨자를 적당히 발라줍니다. 씨겨자가 싫은 분은 버터나 마요네즈를 가볍게 발라줘도 됩니다.

4 4의 빵에 고소한 맛이 일품인 쌈추를 2장 정도 깔아줍니다.

5 달구어진 프라이팬에 현미유 1큰술을 두르고 2의 감자 반죽을 1국자 정도 떠 넣어줍니다. 둥글게 모양을 잡아주면서 앞, 뒤로 노릇하게 구워 4의 빵 위에 올려주고 케첩을 적당히 바르고 뚜껑을 닫아주면 완성입니다.

야채는 무엇이든 다 좋습니다. 취향에 맞게 토마토나 양파를 넣어주어도 됩니다.

엄마의 정성과 행복한 상상 담은 샌드위치

먹어보지 않아도, 식탁 위에 올려진 샌드위치만 보아도 고소한 감자 냄새가 납니다. 가족과 친구를 위해 음식을 장만하는 일이 얼마나 즐겁고 가치있는 일인지, 빵 하나에 얼마나 행복한 상상이 담겨 있는지, 평범한 샌드위치 하나에 얼마나 많은 이야기가 담겨있는지 아시나요? 제과점에서 파는 샌드위치와는 맛이 비교가 안 된답니다. 엄마의 이야기가 있고 정성이 가득한 감자 팬케익 샌드위치를 만들어 아이들과 이야기의 꽃을 피워보세요.

찰집이 곱게 들어간
모닝빵소세지샌드

총 380kcal

 **재료**(2인 기준 레시피)

- 모닝빵 2개, 양파 1/2개, 치커리 조금, 생협 소시지 2줄, 현미유 1작은 술, 토판염 2꼬집, 마요네즈 조금

 이렇게 만들어요

1 깨끗이 씻어 껍질을 까준 양파는 가늘게 채 썰어줍니다.

2 달구어진 프라이팬에 현미유1 작은술을 넣고 1의 양파를 넣고 양파가 갈색이 나오도록 서서히 볶아줍니다.

3 끓는 물에 소시지를 한 번 데친 후 벌집 모양이 나도록 칼집을 넣어줍니다. 달구어진 프라이팬에 현미유 1큰술을 두르고 중간 불에서 데친 소세지를 앞뒤로 노릇하게 구워줍니다.

4 모닝빵은 1/3만 남기고 칼집을 넣어줍니다.

5 칼집을 넣어준 모닝빵에 프라이팬에 볶아둔 양파를 적당히 채워줍니다.

6 볶은 양파를 넣은 5의 빵에 치커리를 깔고 3의 구운 소시지를 올려주면 완성됩니다.

1  2

양파는 볶으면 볶을수록 단맛이 나와 아이들이 먹기에 좋아요

3  4

5  6

취향에 따라 머스터드소스나 케첩을 가미해 드셔도 좋아요

소시지 이야기

초등학교 때 3교시가 끝나면 언제나 우유를 나눠 주고 바로 점심시간……. 짝꿍은 갑부집 아들이라 항상 비엔나소시지에 빨간 케첩을 잔뜩 뿌려서 도시락을 싸왔어요. 우아~ 한입만 먹고 싶어 침이 절로 넘어가지만 참을 수밖에…. 그리고 집에 가서 엄마한테 때를 쓰죠. 나도 소시지 반찬 넣어 달라고…. 그럼 그 다음날 칼집을 곱게 썰어 넣은 케첩이 잔뜩 뿌려진 비엔나소시지와 계란말이가 제 도시락통에 들어 있죠. 그럼 제 어깨가 절로 으쓱해지죠.

누가 만들어도 맛있는
에그마요샌드위치

총 310kcal

재료(2인 기준 레시피)
- 삶은 계란 2개, 마요네즈 2큰술, 토판염 2꼬집, 꿀 1작은술, 후추 조금, 당근, 김밥용 김, 파스타면
- 계란물 : 계란 2개, 토판염 2꼬집, 맛술 1큰술

이렇게 만들어요

1 끓는 물에 소금 1작은술을 넣고 15분간 계란을 삶아 찬물에 담가줍니다. 삶은 계란은 껍질을 벗기고 듬성듬성 썰어서 준비합니다.

2 1의 계란에 마요네즈 2큰술, 토판염 2꼬집, 꿀 1작은술, 후추를 조금 넣고 섞어줍니다.

3 모닝빵은 1/3만 남기고 칼집을 넣어줍니다.

4 3에서 칼집을 넣어준 모닝빵에 2의 에그마요를 적당히 채워줍니다.

5 달구어진 계란말이용 후라이팬에 현미유를 가볍게 발라 줍니다. 분량의 계란물을 저어 체에 한 번 받치고 아주 약한 불에서 도톰하고 면적이 넓은 계란말이를 만들어줍니다.

6 4의 계란말이를 한 김 식힌 후 둥근 쿠키 틀로 반달 모양이 나오도록 찍어줍니다.

7 당근으로 엄마 닭의 주둥이 모양을 만들어줍니다.

8 3의 에그마요를 채운 모닝빵에 6의 계란을 넣고 7의 당근을 붙여줍니다. 김밥용 김을 오려 병아리의 눈을 붙여주면 완성입니다.

1  2

여기에 베이컨을 구워 넣어주면 맛이 더 좋아요.

3  4

5  6

이것이 엄마 닭의 몸이 됩니다.

7  8

병아리와 달걀 이야기

일본에는 닭과 달걀을 한 그릇에 담은 오야꼬동이라는 일본 가정식 요리가 있어요. 가슴이 뭉클해지는 엄마와 아들이라는 뜻이죠. 닭고기가 엄마이고 계란이 아들인 셈인데, 생각해보면 참 감동적인 이야기죠! 저도 그런 의미로 에그 마요 샌드위치를 만들어 보았어요. 제가 만든 샌드위치의 엄마는 병아리 모습을 하고 있는 달걀말이이고 아들은 에그마요입니다.

집에서 즐기는
길거리토스트

총 360kcal

재료(2인 기준 레시피)

- 식빵 2장, 무염 버터, 피망 조금, 양파 조금, 당근 조금, 달걀 2개, 토판염 2꼬집, 토마토 케첩 1큰술, 샌드위치 햄 1장

 이렇게 만들어요

1. 깨끗이 씻어 준비한 피망, 당근, 양파는 가늘게 채 썰어 준비합니다.
2. 빈 볼에 1의 채 썬 야채, 달걀 2개, 토판염 2꼬집을 넣고 가볍게 뒤적여줍니다.
3. 식빵은 토스트기에 가볍게 한 번 굽고 무염 버터를 적당히 바라서 가볍게 구워 버터의 풍미가 나도록 합니다.
4. 버터를 발라 구운 식빵에 샌드위치 햄을 올려줍니다.
5. 달구어진 사각형 팬에 버터 1큰술을 녹여줍니다.
6. 5의 버터를 녹인 달구어진 팬에 달걀에 뒤적여준 2의 야채를 두툼한 두께가 나오도록 넉넉히 부어 앞, 뒤로 익혀줍니다.
7. 햄을 올려준 식빵에 6의 계란을 올리고 케첩을 적당히 뿌려서 완성하면 됩니다.

체다치즈를 곁들여 주셔도 좋아요

가염버터를 사용해도 좋아요

뒤집기가 어려운 분들은 아주 약한 불에서 쿠킹호일로 뚜껑을 만들어 서서히 익혀도 됩니다.

천원의 행복, 길거리 토스트

원조는 길거리에서 탄생했지만 집에서 만들어 먹어도 그 맛이 났다는 것이 장점이에요. 그리고 가끔은 피자 맛이 난다는 거죠. 단돈 천원으로는 만들 순 없지만 출근길 버스 정류소 앞에는 천원으로 행복해지는 길거리 토스트가 있어서 참 다행인 것 같아요.

시장통 사라다빵
곰돌이양배추샐러드샌드위치

총 180kcal

재료(2인 기준 레시피)

- 모닝 빵 2개, 양배추 조금, 당근 조금, 마요네즈 1큰술, 케첩 1큰술, 토판염 1꼬집, 후추 조금, 체다 치즈

이렇게 만들어요

1 당근과 양배추는 채칼을 이용하여 가늘게 썰어 얼음물에 10여 분 담구어 사각거리는 식감을 줍니다.
2 체에 받쳐 물기를 완전히 뺀 후 빈 볼에 1의 야채와 마요네즈 1큰술, 케첩 1큰술, 토판염 1꼬집, 후추를 조금 넣고 가볍게 뒤적여줍니다.
3 모닝빵은 1/3만 남기고 칼집을 넣어줍니다.
4 칼집을 넣어준 3의 모닝빵에 2의 과정에서 만들어 둔 야채를 적당히 넣어줍니다.
5 색이 다른 체다 치즈 2장을 준비합니다. 체다 치즈를 곰돌이 틀로 찍어줍니다.
6 사각형 체다 치즈 위에 4의 곰돌이 모양의 치즈 모양을 올려줍니다.
7 김밥용 김을 동그랗게 잘라 곰돌이의 눈을 만들어 얼굴에 붙여줍니다.
8 3의 야채를 채운 빵에 6의 치즈를 올려주면 완성됩니다.

이쑤시개나 작은 칼을 이용하여 곰돌이의 팔을 만들어줍니다.

추억의 양배추 사라다빵

동네 시장에 가면 사라다빵과 도너츠가 잔뜩 진열되어 있는 빵집이 있었어. 이 집은 도넛 전문점이지만 사라다빵이 더 유명하죠. 하나에 200원 했나? 포장을 해서 집에서 먹는 것 보다 계산과 동시에 그 자리에서 입에 문은 케첩과 마요네즈를 닦아가며 먹는 사라다 빵…. 안에 들어있는 야채에 마요네즈가 듬뿍 들어간 아주 아주 고소한 맛이 입안을 행복하게 해주지요.

감성을 높이는
단호박미니샌드위치

총 160kcal

재료(2인 기준 레시피)

- 우유식빵 2장, 미니 단호박 1/2쪽, 우유 3큰술, 파스타면

이렇게 만들어요

1 단호박은 꼭지를 자르고 씨를 파내어 ¼쪽만 잘라서 찜통에서 15분 정도 쪄줍니다.

2 수저나 주방도구를 이용하여 단호박을 곱게 으깨어 우유 3큰술을 섞어줍니다.

3 식빵 반쪽에 우유를 섞어 으깨준 2의 단호박을 고루 펴 발라줍니다.

4 나머지 반쪽을 올려준 다음 마른 행주로 덮고 무거운 도마를 30~40분 정도 올려둡니다.

5 어느 정도 부피가 반으로 줄어 들었을 때 꽃 모양 쿠키 틀을 이용하여 찍어줍니다.

6 5의 빵에 파스타나 이쑤시개를 꽂아 고정하고, 과일 깎는 칼의 칼등을 이용하여 지긋이 눌러가며 꽃 모양의 결을 만들어줍니다.

내열 볼에 단호박을 넣고 전자레인지에서 5분 정도 쪄주어도 됩니다.

취향에 맞게 토판염 2~3꼬집을 곁들여 주셔도 좋습니다.

아이의 감성을 키워주세요

샌드위치도 밥도 반찬도 꽃으로 표현할 수 있다는 것을 알려주어 잠자고 있던 아이의 감성을 깨우고 막혀있던 아이디어의 샘이 흘러 넘칠 수 있도록 해주세요. 마음이 건강한 아이, 창의력이 뛰어난 아이, 타인의 감정을 헤아릴 줄 아는 아이로 키우기 위해 감성지수는 부모가 안정적으로 키워줘야 할 필수 요소이지요. 엄마와 함께 만드는 요리를 통해 아이의 감성지수는 높일 수 있어요.

칭찬해주고 싶은 날
기본삼색샌드위치

총 250kcal

재료(2인 기준 레시피)

- 식빵 3장, 청오이, 감자 1개, 체다 치즈, 마요네즈, 샌드위치 햄, 토판염 2꼬집, 우유 2큰술

이렇게 만들어요

1 청오이는 씨가 없는 부분을 골라 얇게 저며 토판염을 2꼬집 뿌려 5분 정도 절여줍니다.

2 식빵은 ½로 잘라서 마요네즈를 살짝 바르고 1의 오이를 올려 나머지 반쪽의 식빵을 덮고 무게가 있는 도마를 올려 샌드위치의 공기를 빼줍니다.

3 끓는 물에 버터 1큰술을 넣고 감자는 껍질을 벗기고 30분 정도 삶아줍니다. 감자1개를 수저나 주방도구를 이용하여 곱게 으깨고 토판염 2꼬집, 우유 2큰술, 마요네즈 1큰술을 넣고 고루 섞어줍니다.

4 식빵 반쪽에 마요네즈를 얇게 바르고, 3의 감자를 고루 펴 발라준 후 나머지 식빵 반쪽을 덮어줍니다.

5 4에 치즈 1/2, 샌드위치용 햄 1/2쪽을 올려주고 식빵을 덮어 완성합니다.

6 완성된 식빵을 자를때 양쪽에 꼬치나 이쑤시개를 꽂아 고정시켜 잘라주면 단정하고 깔끔하게 잘라집니다.

편식이 심한 아이와 샌드위치 만들기

"샌드위치는 18세기 한 백작의 이야기에서 그 유래를 찾을 수 있어. 카드놀이에 너무 열중한 백작이 식사를 걸러 시중드는 사람이 빵에 고기와 야채를 끼워 넣어 간편하게 먹을 수 있게 만들어 백작에게 주었대. 그렇게 만든 음식이 샌드위치라 불리게 된 것인데 이 이름은 백작이 살던 성 이름에서 따왔다고 하네."

샌드위치의 유래를 이야기 해주면서 너 샌드위치 좋아하시? 그럼 아이가 좋아한다고 말할 거예요. "엄마가 준비한 재료는 어떤 것들이 있나 한 번 볼까!" 이때 아이와 함께 재료의 이름을 말하고 만져보고 냄새도 맡아보고 가로 세로로 잘라보기도 합니다. 편식하는 아이와 함께 요리 활동을 하면서 식재료와 친숙해지도록 직접 만들게 해보세요. 그리고 무조건 칭찬해주세요. 네가 만든 샌드위치가 제일 맛있다고……